# WORK BOOK FOR

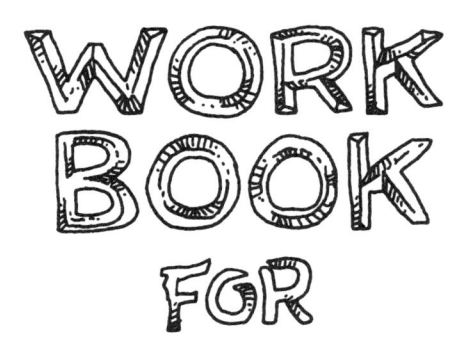

# HEBREW THROUGH PRAYER

דֶּרֶךְ תְּפִלָּה

# 3

Written by Roberta Osser Baum
Illustrated by Larry Nolte

Copyright © 1996
BEHRMAN HOUSE
11 Edison Place
Springfield, New Jersey 07081
ISBN: 0-87441-620-5

MANUFACTURED IN THE UNITED STATES OF AMERICA

Lesson
1
לְכָה דוֹדִי

On Friday night we sing לְכָה דוֹדִי to welcome Shabbat into our homes and synagogues. Shabbat is compared to a bride in לְכָה דוֹדִי. Just as a bride and groom are matched with one another, so too have the Jewish people been matched with Shabbat. Below are phrases from the song לְכָה דוֹדִי. Select the correct Hebrew words to complete each phrase. A writing chart at the back of this book shows the Hebrew letters in print and script.

בֹּאִי   שַׁבָּת   זָכוֹר   דוֹדִי   נְקַבְּלָה   כַּלָּה   שָׁמוֹר

1 לְכָה ____________ לִקְרַאת ____________

bride    my beloved

2 פְּנֵי ____________ ____________

let us receive    Shabbat

3 ____________ וְ ____________ בְּדִבּוּר אֶחָד

remember    keep

4 ____________ כַלָּה ____________ כַלָּה

come    come

**TIMELINE**

How many years ago did Rabbi Shlomo Halevi Alkabetz write לְכָה דוֹדִי? Hint: He wrote it in the year 1540.

# Rhythm Reading

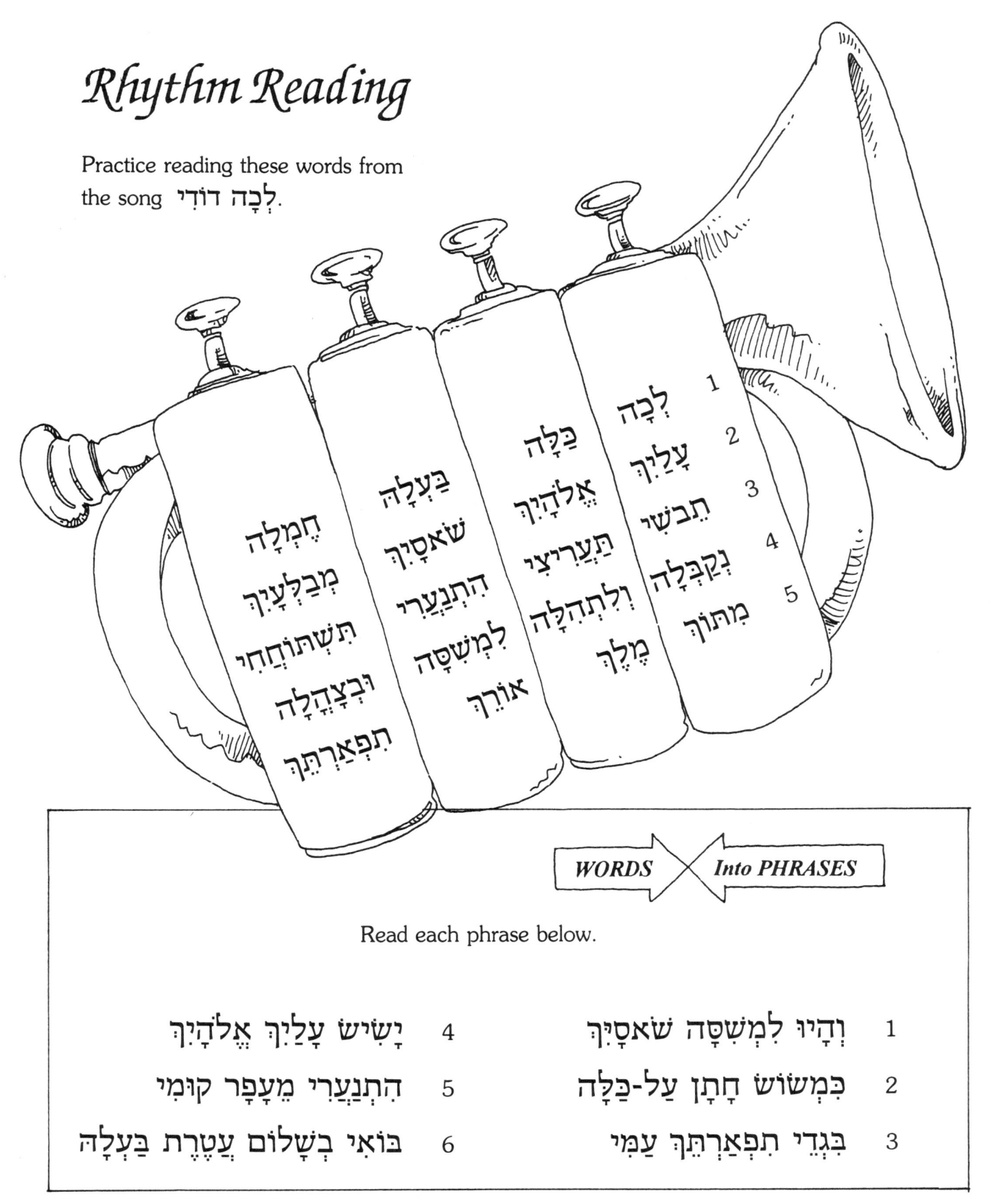

Practice reading these words from the song לְכָה דוֹדִי.

1 לְכָה
2 עָלַיִךְ
3 תֵּבֹשִׁי
4 נְקַבְּלָה
5 מִתּוֹךְ
כַּלָּה
אֱלֹהָיִךְ
תַּעֲרִיצִי
וְלִתְהִלָּה
מֶלֶךְ
בַּעְלָהּ
שֹׁאסָיִךְ
הִתְנַעֲרִי
לִמְשִׁסָּה
אוֹרֵךְ
חֶמְלָה
מְבַלְּעָיִךְ
תִּשְׁתּוֹחֲחִי
וּבְצָהֳלָה
תִּפְאַרְתֵּךְ

***WORDS* ⟷ *Into PHRASES***

Read each phrase below.

1 וְהָיוּ לִמְשִׁסָּה שֹׁאסָיִךְ

2 כִּמְשׂוֹשׂ חָתָן עַל-כַּלָּה

3 בִּגְדֵי תִפְאַרְתֵּךְ עַמִּי

4 יָשִׂישׂ עָלַיִךְ אֱלֹהָיִךְ

5 הִתְנַעֲרִי מֵעָפָר קוּמִי

6 בּוֹאִי בְשָׁלוֹם עֲטֶרֶת בַּעְלָהּ

3

## Welcoming the Sabbath Bride

Read the final verse of לְכָה דוֹדִי.

Draw a circle around the Hebrew word meaning *come*.

How many circles did you draw?

בּוֹאִי בְשָׁלוֹם עֲטֶרֶת בַּעְלָהּ גַּם בְּשִׂמְחָה וּבְצָהֳלָה

תּוֹךְ אֱמוּנֵי עַם סְגֻלָּה בֹּאִי כַלָּה, בֹּאִי כַלָּה:

# Fruits of the Tree

Below are special trees. Each tree blossoms with Hebrew words. The words growing on each tree share a common root. Read the words and write the three root letters inside the roots of the tree. Then write the English meaning of the root on the tree trunk. The first one has been completed for you.

שָׁמוֹר
שֹׁמֵר
וְשָׁמְרוּ
שְׁמוּרָה
קַבָּלַת
לְקַבֵּל
נְקַבְּלָה
קַבָּלָה
הַבָּא
בֹּאִי
יָבֹא
בּוֹאֲכֶם
come
א
ו
ב
לְכָה
הֲלָכָה
הוֹלֵךְ
הוֹלִיךְ
זָכוֹר
זֵכֶר
יִזְכֹּר
זִכָּרוֹן

4

# WORD BUILDING

Read each word-part.
Put the word-parts together and read each whole word.

1 הַ לַחְ מִי — הַלַּחְמִי

2 וְ נִשְׂ מְחָה — וְנִשְׂמְחָה

3 הִתְ עוֹ רְרִי — הִתְעוֹרְרִי

4 וְ הֶדְ וָה — וְהֶדְוָה

5 תִ כָּלְ מִי — תִכָּלְמִי

6 וְ שִׂמְ חָה — וְשִׂמְחָה

7 מִ מִּשְׁ תֵּה — מִמִּשְׁתֵּה

8 וְ נִבְ נְתָה — וְנִבְנְתָה

9 מִצְ הֲ לוֹת — מִצְהֲלוֹת

10 מְ בַלְּ עָיִךְ — מְבַלְּעָיִךְ

## Reading Rule
## SOUNDED/SILENT SH'VA

At the beginning of a word the Sh'va is always sounded.

(לְ כָה וְ הָיוּ כְּ בוֹד)

In the middle of a word the Sh'va is often silent. The letter over the Sh'va is blended with the letter-vowel combination that precedes it.

(נַפְ שִׁי מִקְ דַּשׁ הַבְּ רָכָה)

***WORDS*** ***Into PHRASES***

Read these phrases from לְכָה דוֹדִי.

1 וְנִשְׂמְחָה וְנָגִילָה

2 לֹא תֵבֹשִׁי וְלֹא תִכָּלְמִי

3 הִתְעוֹרְרִי הִתְעוֹרְרִי
כִּי בָא אוֹרֵךְ

4 עַל-יַד בֶּן-יִשַׁי בֵּית-הַלַּחְמִי

5 וְנִבְנְתָה עִיר עַל-תִּלָּהּ

6 וְהָיוּ לִמְשִׁסָּה שֹׁאסָיִךְ
וְרָחֲקוּ כָּל-מְבַלְּעָיִךְ

# Verses from Torah

Shabbat is compared to a bride in לְכָה דוֹדִי. Each of the following verses from the Torah talks about a man and a woman who were a bride and a groom. Using your knowledge of Hebrew names and words, match the Hebrew verses with their English meanings by filling in the chapter and verse at the end of each English translation.

1  וַיִּקְרָא הָאָדָם שֵׁם אִשְׁתּוֹ חַוָּה כִּי הִוא הָיְתָה אֵם כָּל־חָי. (Genesis 3:20)

2  וַיּוֹאֶל מֹשֶׁה לָשֶׁבֶת אֶת־הָאִישׁ וַיִּתֵּן אֶת־צִפֹּרָה בִתּוֹ לְמֹשֶׁה. (Exodus 2:21)

3  וַיֹּאמֶר אֱלֹהִים אֶל־אַבְרָהָם שָׂרַי אִשְׁתְּךָ...שָׂרָה שְׁמָהּ. (Genesis 17:15)

4  וַיֵּצֵא יִצְחָק לָשׂוּחַ בַּשָּׂדֶה...וַיִּשָּׂא עֵינָיו...וַתִּשָּׂא רִבְקָה אֶת־עֵינֶיהָ... (Genesis 24:63-64)

5  וַיֶּאֱהַב יַעֲקֹב אֶת־רָחֵל. (Genesis 29:18)

6  שֵׁם אֵשֶׁת־אַבְרָם שָׂרָי. (Genesis 11:29)

1  And Jacob loved Rachel. (Genesis ____ : ____)

2   The name of Abram's wife was Sarai.
    (Genesis ____ : ____)

3   And Moses was content to dwell with the man and the man gave his daughter, Zipporah, to Moses. (Exodus ____ : ____)

4   And Isaac went out to meditate in the field...and he lifted up his eyes...and Rebecca lifted up her eyes....
    (Genesis ____ : ____)

5   And the man (Adam) called his wife's name Eve, because she was the mother of all living. (Genesis ____ : ____)

6   And God said to Abraham: Sarai your wife...her name shall be Sarah. (Genesis ____ : ____)

# THE SEVEN WEDDING BLESSINGS
## שֶׁבַע בְּרָכוֹת

During the wedding ceremony seven blessings are offered to the bride (כַּלָּה) and groom (חָתָן). Often the rabbi or cantor recites the seven blessings. Sometimes the honor is given to seven wedding guests. Below is the final wedding blessing. Practice reading it. Look for words and roots you know.

1  בָּרוּךְ אַתָּה, יְיָ אֱלֹהֵינוּ, מֶלֶךְ הָעוֹלָם,
Praised are you, Adonai our God, Ruler of the universe,

2  אֲשֶׁר בָּרָא שָׂשׂוֹן וְשִׂמְחָה, חָתָן וְכַלָּה,
who created joy and happiness, groom and bride,

3  גִּילָה, רִנָּה, דִּיצָה, וְחֶדְוָה, אַהֲבָה וְאַחֲוָה, וְשָׁלוֹם וְרֵעוּת.
mirth, song, dance, and gladness, love and friendship, and peace and companionship.

4  מְהֵרָה, יְיָ אֱלֹהֵינוּ, יִשָּׁמַע בְּעָרֵי יְהוּדָה
Speedily, Adonai our God, may there be heard in the cities of Judah

5  וּבְחוּצוֹת יְרוּשָׁלַיִם קוֹל שָׂשׂוֹן
and the streets of Jerusalem the voice of happiness

6  וְקוֹל שִׂמְחָה, קוֹל חָתָן וְקוֹל כַּלָּה,
and the voice of joy, the voice of the groom and the voice of the bride,

7  קוֹל מִצְהֲלוֹת חֲתָנִים מֵחֻפָּתָם
the joyful voices of those being married under the wedding canopy

8  וּנְעָרִים מִמִּשְׁתֵּה נְגִינָתָם.
and of youths feasting and singing.

9  בָּרוּךְ אַתָּה, יְיָ, מְשַׂמֵּחַ חָתָן עִם הַכַּלָּה.
Praised are you, Adonai, who makes the groom rejoice with the bride.

Lesson
2
וְשָׁמְרוּ

The prayer וְשָׁמְרוּ speaks of the Covenant, the בְּרִית, between God and the Jewish people. Shabbat is a sign (אוֹת) of the Covenant. Keeping Shabbat is one way we acknowledge our Covenant with God.

Below are the English meanings of phrases we read in וְשָׁמְרוּ. Next to the English phrases are matching incomplete Hebrew phrases. Use the Hebrew words below to complete the Hebrew phrases.

Practice reading the completed Hebrew phrases.

בְּנֵי יִשְׂרָאֵל     שַׁבָּת     לַעֲשׂוֹת

בְּרִית     וְשָׁמְרוּ     הַשָּׁמַיִם

| | | |
|---|---|---|
| and the children of Israel shall keep the Shabbat | ______ בְּנֵי-יִשְׂרָאֵל אֶת-הַשַּׁבָּת | 1 |
| to make the Shabbat | ______ אֶת-הַשַּׁבָּת | 2 |
| an eternal covenant for their generations | לְדֹרֹתָם ______ עוֹלָם | 3 |
| between Me and the children of Israel it is a sign forever | בֵּינִי וּבֵין ______ אוֹת הִיא לְעֹלָם | 4 |
| the heavens and the earth | ______ וְאֶת-הָאָרֶץ | 5 |
| and on the seventh day Adonai rested and was refreshed | וּבַיּוֹם הַשְּׁבִיעִי ______ וַיִּנָּפַשׁ | 6 |

# Verses from Torah

The Ten Commandments appear twice in the Torah. In the Book of Exodus we are commanded to *remember* Shabbat. In the Book of Deuteronomy we are commanded to *observe (keep)* Shabbat. Read each commandment.

זָכוֹר אֶת-יוֹם הַשַּׁבָּת לְקַדְּשׁוֹ.

Remember the Sabbath day to keep it holy.

Exodus 20:8

שָׁמוֹר אֶת-יוֹם הַשַּׁבָּת לְקַדְּשׁוֹ

כַּאֲשֶׁר צִוְּךָ יְיָ אֱלֹהֶיךָ.

Observe the Sabbath day, to keep it holy,
as Adonai your God has commanded you.

Deuteronomy 5:12

## To Remember and to Observe

In what ways can we *remember* and *observe* Shabbat?

# The Children of Israel: בְּנֵי יִשְׂרָאֵל

Our patriarch Jacob is also known by the name Israel (Genesis 32:29). The 12 sons of Jacob and all the generations that follow are known as the Children of Israel, בְּנֵי יִשְׂרָאֵל. How quickly can you read the names of the sons of Jacob?

| | | | | | | | |
|---|---|---|---|---|---|---|---|
| 1 | רְאוּבֵן | 4 | יְהוּדָה | 7 | דָּן | 10 | אָשֵׁר |
| 2 | שִׁמְעוֹן | 5 | יִשָּׂשכָר | 8 | נַפְתָּלִי | 11 | יוֹסֵף |
| 3 | לֵוִי | 6 | זְבֻלוּן | 9 | גָּד | 12 | בִּנְיָמִן |

Match the Hebrew names of Jacob's children above with their English names below. Write the correct number in the circles below.

| | | | | | | | |
|---|---|---|---|---|---|---|---|
| Naphtali | ○ | Gad | ○ | Reuben | ○ | Joseph | ○ |
| Benjamin | ○ | Levi | ○ | Dan | ○ | Isaachar | ○ |
| Simeon | ○ | Zebulun | ○ | Judah | ○ | Asher | ○ |

## From Generation to Generation: לְדוֹר וָדוֹר

What is your Hebrew name? The Hebrew name of your parent(s)? Your grandparent(s)?

# TAKING ROOT

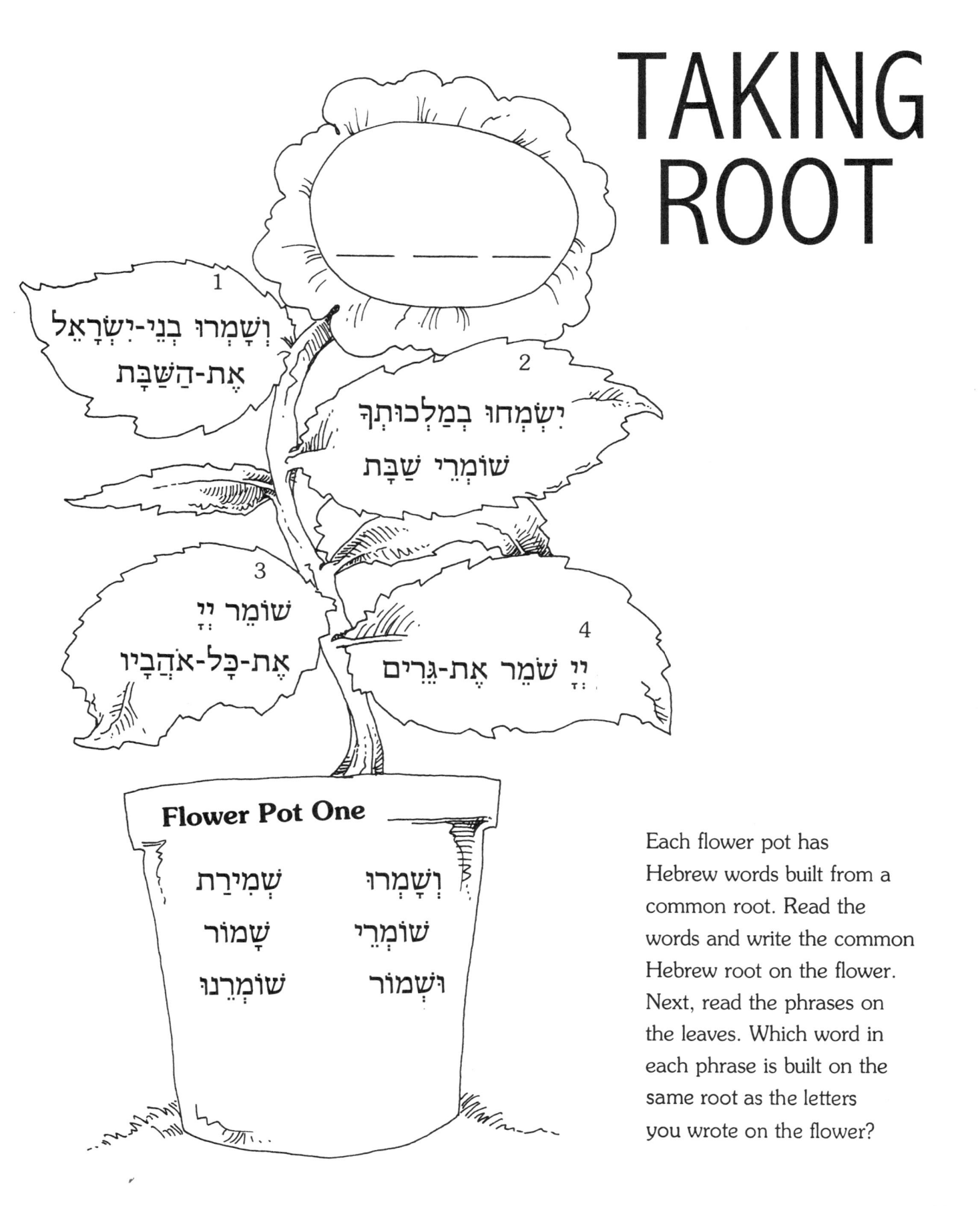

1
וְשָׁמְרוּ בְנֵי-יִשְׂרָאֵל
אֶת-הַשַּׁבָּת
2
יִשְׂמְחוּ בְמַלְכוּתְךָ
שׁוֹמְרֵי שַׁבָּת
3
שׁוֹמֵר יְיָ
אֶת-כָּל-אֹהֲבָיו
4
יְיָ שֹׁמֵר אֶת-גֵּרִים
Flower Pot One
וְשָׁמְרוּ
שְׁמִירַת
שׁוֹמְרֵי
שָׁמוֹר
וּשְׁמוֹר
שׁוֹמְרֵנוּ

Each flower pot has Hebrew words built from a common root. Read the words and write the common Hebrew root on the flower. Next, read the phrases on the leaves. Which word in each phrase is built on the same root as the letters you wrote on the flower?

**Flower (top right):**

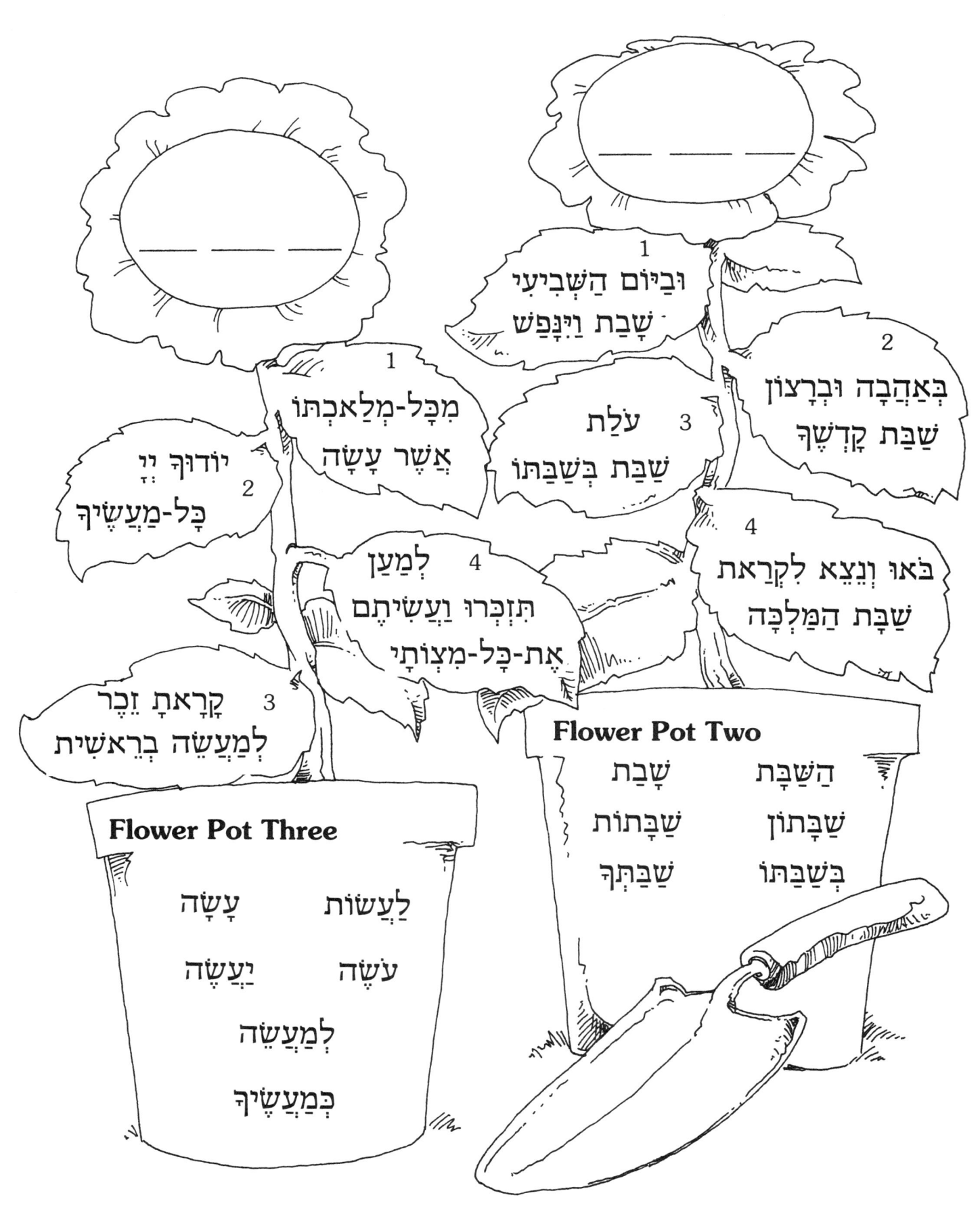

1. וּבַיּוֹם הַשְּׁבִיעִי שָׁבַת וַיִּנָּפַשׁ
2. בְּאַהֲבָה וּבְרָצוֹן שַׁבַּת קָדְשֶׁךָ
3. עֹלַת שַׁבָּת בְּשַׁבַּתּוֹ
4. בֹּאוּ וְנֵצֵא לִקְרַאת שַׁבָּת הַמַּלְכָּה

**Flower (top left):**

1. מִכָּל-מְלַאכְתּוֹ אֲשֶׁר עָשָׂה
2. יוֹדוּךָ יְיָ כָּל-מַעֲשֶׂיךָ
3. קָרָאתָ זֵכֶר לְמַעֲשֵׂה בְרֵאשִׁית
4. לְמַעַן תִּזְכְּרוּ וַעֲשִׂיתֶם אֶת-כָּל-מִצְוֹתָי

**Flower Pot Two**

| הַשַּׁבָּת | שָׁבַת |
| שַׁבָּתוֹן | שַׁבָּתוֹת |
| בְּשַׁבַּתּוֹ | שַׁבַּתְּךָ |

**Flower Pot Three**

| לַעֲשׂוֹת | עָשָׂה |
| יַעֲשֶׂה | עֹשֶׂה |
| לְמַעֲשֵׂה | |
| כְּמַעֲשֶׂיךָ | |

# From the SIDDUR

Circle each word or phrase meaning *generations* in the following selections from the Siddur. Read each phrase aloud.

1 לְדוֹר וָדוֹר נַגִּיד גָּדְלֶךָ

2 וּמֶמְשַׁלְתְּךָ בְּכָל-דּוֹר וָדֹר

3 וְעַל-דּוֹרוֹתֵינוּ וְעַל כָּל דּוֹרוֹת

זֶרַע יִשְׂרָאֵל עֲבָדֶיךָ

4 לְדֹר וָדֹר הוּא קַיָּם

5 צוּר חַיֵּינוּ מָגֵן יִשְׁעֵנוּ אַתָּה

הוּא לְדוֹר וָדוֹר

6 לְדוֹר וָדוֹר וּלְנֵצַח נְצָחִים

**Think About It!** In what ways do we, בְּנֵי יִשְׂרָאֵל, remember and honor the past generations in our families?

14

# TONGUE TWISTERS

How quickly can you read each word with the letter שׁ without twisting your tongue?

1 שְׁלוֹמֶךְ הַשָּׁמַיִם שֵׁשֶׁת וְשָׁמְרוּ קָדוֹשׁ

2 וַיִּנָּפַשׁ הַשְּׁבִיעִי הַשַּׁבָּת בְּרֵאשִׁית וַיִּשְׁבֹּת

How quickly can you read each word with the letter שׂ without twisting your tongue?

1 עָשָׂה יִשְׂרָאֵל שְׂמֵחִים נָשִׂיחַ הַפּוֹרֵשׂ

2 וְנִשְׂמַח לַעֲשׂוֹת שָׂשׂוֹן וּפְרֹשׂ וְנִשְׂמְחָה

# *From the SIDDUR*

Read each word with a שׁ or שׂ.
Then read each complete sentence.

1 בָּרוּךְ אַתָּה, יְיָ, הַפּוֹרֵשׂ סֻכַּת שָׁלוֹם עָלֵינוּ וְעַל-כָּל-עַמּוֹ
יִשְׂרָאֵל וְעַל יְרוּשָׁלָיִם.

2 שָׁלוֹם עֲלֵיכֶם מַלְאֲכֵי הַשָּׁרֵת מַלְאֲכֵי עֶלְיוֹן.

3 בָּרוּךְ מְשַׁלֵּם שָׂכָר טוֹב לִירֵאָיו.

4 וְשִׁבְחֲךָ אֱלֹהֵינוּ מִפִּינוּ לֹא יָמוּשׁ לְעוֹלָם וָעֶד.

5 שָׁלוֹם רָב עַל-יִשְׂרָאֵל עַמְּךָ תָּשִׂים לְעוֹלָם.

6 בְּלִי רֵאשִׁית בְּלִי תַכְלִית וְלוֹ הָעֹז וְהַמִּשְׂרָה.

# Lesson 3

## שָׁלוֹם עֲלֵיכֶם

We sing שָׁלוֹם עֲלֵיכֶם on Friday evening. Shabbat is a time for peace and שָׁלוֹם עֲלֵיכֶם is a song about peace.
The Hebrew phrases of the first verse of the song are mixed up. The English phrases are in the correct order. Match the Hebrew phrases with their English meanings by writing the correct number next to each Hebrew phrase. Then read aloud the Hebrew phrases in the correct order.

| | | | |
|---|---|---|---|
| 1 | Peace upon you | מַלְאֲכֵי עֶלְיוֹן | ____ |
| 2 | O ministering angels | שָׁלוֹם עֲלֵיכֶם | ____ |
| 3 | angels of the Supreme | הַקָּדוֹשׁ בָּרוּךְ הוּא | ____ |
| 4 | from the Ruler of Rulers | מַלְאֲכֵי הַשָּׁרֵת | ____ |
| 5 | the Holy Blessed One | מִמֶּלֶךְ מַלְכֵי הַמְּלָכִים | ____ |

# *Rhythm Reading*

Read these words from the prayer הַשְׁכִּיבֵנוּ found on page 31 in your text. Be careful with your accent!

**Reading Rule**
**SUFFIX ENDING**

The suffix נוּ means *us, our, we.* When נוּ comes at the end of the following words, the accent is placed on the letter-vowel combination that comes before נוּ (מַלְ כֵּ נוּ).

קַדְּשֵׁנוּ אֲנַחְנוּ אוֹתָנוּ קִוִּינוּ

1 עָלֵינוּ אֱלֹהֵינוּ בַּעֲדֵנוּ
2 צֵאתֵנוּ הַשְׁכִּיבֵנוּ שׁוֹמְרֵנוּ
3 מֵעָלֵינוּ מִלְּפָנֵינוּ תַּסְתִּירֵנוּ
4 וּבוֹאֵנוּ וּמַצִּילֵנוּ וּמֵאַחֲרֵינוּ
5 וְתַקְּנֵנוּ וְהוֹשִׁיעֵנוּ וְהַעֲמִידֵנוּ

# Word Power

Read the words above built on the roots meaning God (א ל), keep (שׁ מ ר), come (ב ו א), and depart (י צ א).

# God's Names

There are many names for God in the Hebrew language. These names indicate the different relationships we have with God.

Read each Hebrew name for God and its English meaning.

| | | | | | |
|---|---|---|---|---|---|
| The Holy Blessed One | הַקָּדוֹשׁ בָּרוּךְ הוּא | 6 | God: A Judge | אֱלֹהִים | 1 |
| Ruler of the World | מֶלֶךְ הָעוֹלָם | 7 | God: A Power | אֵל | 2 |
| Divine Presence | שְׁכִינָה | 8 | God Almighty | אֵל שַׁדַּי | 3 |
| Redeemer of Israel | גָּאַל יִשְׂרָאֵל | 9 | The Name | הַשֵּׁם | 4 |
| The Merciful One | הָרַחֲמָן | 10 | Our Parent | אָבִינוּ | 5 |

## THINK ABOUT IT

Select one or more names for God that are meaningful to you and explain why.

## NAMES Into PHRASES

Underline God's name in each phrase. Then read each phrase aloud.

1 לְתַקֵּן עוֹלָם בְּמַלְכוּת שַׁדַּי

2 הַקָּדוֹשׁ בָּרוּךְ הוּא יְבָרֵךְ אוֹתָם

3 כִּי אֵל מֶלֶךְ חַנּוּן וְרַחוּם אָתָּה

4 וּשְׁכִינַת עֻזּוֹ בְּגָבְהֵי מְרוֹמִים

## Recognizing God's Name

Read God's name in each phrase above. Write the Hebrew name next to its English meaning below.

1 Divine Presence _____

2 God (A Power) _____

3 The Holy Blessed One _____

4 Almighty _____

# Memory Challenge

The verses of שָׁלוֹם עֲלֵיכֶם are out of order. Put a number in each circle to show the correct order of the song.

*Helpful Hint:* Each verse begins with one of the roots below. The roots are in the order in which they appear in the song. Match the roots with the first word in each verse to number the verses correctly. Write the English meaning next to each root.

1  (ש ל מ) _____      3  (ב ר כ) _____

2  (ב ו א) _____      4  (י צ א) _____

בּוֹאֲכֶם לְשָׁלוֹם, מַלְאֲכֵי הַשָּׁלוֹם, מַלְאֲכֵי עֶלְיוֹן,
מִמֶּלֶךְ מַלְכֵי הַמְּלָכִים, הַקָּדוֹשׁ בָּרוּךְ הוּא. ◯

צֵאתְכֶם לְשָׁלוֹם, מַלְאֲכֵי הַשָּׁלוֹם, מַלְאֲכֵי עֶלְיוֹן,
מִמֶּלֶךְ מַלְכֵי הַמְּלָכִים, הַקָּדוֹשׁ בָּרוּךְ הוּא. ◯

שָׁלוֹם עֲלֵיכֶם, מַלְאֲכֵי הַשָּׁרֵת, מַלְאֲכֵי עֶלְיוֹן,
מִמֶּלֶךְ מַלְכֵי הַמְּלָכִים, הַקָּדוֹשׁ בָּרוּךְ הוּא. ◯

בָּרְכוּנִי לְשָׁלוֹם, מַלְאֲכֵי הַשָּׁלוֹם, מַלְאֲכֵי עֶלְיוֹן,
מִמֶּלֶךְ מַלְכֵי הַמְּלָכִים, הַקָּדוֹשׁ בָּרוּךְ הוּא. ◯

# Verses from Torah

The Hebrew word meaning *blessing* is built on the root (ב ר כ).
Below are verses from the Torah.
Circle and read each Hebrew word built on the root meaning *bless*. How many words did you circle? ________________
Read each verse.

1 וַאֲבָרְכָה מְבָרְכֶיךָ. . .וְנִבְרְכוּ בְךָ מִשְׁפְּחֹת הָאֲדָמָה. (Genesis 12:3)
And I will bless those that bless you (Abraham)...and in you shall all the families of the earth be blessed.

2 וּבֵרַכְתִּי אֹתָהּ וְגַם נָתַתִּי מִמֶּנָּה לְךָ בֵּן וּבֵרַכְתִּיהָ. (Genesis 17:16)
I will bless her (Sarah) and indeed I will give you a son by her and I will bless her.

3 וְאַבְרָהָם זָקֵן בָּא בַּיָּמִים וַייָ בֵּרַךְ אֶת-אַבְרָהָם בַּכֹּל. (Genesis 24:1)
And Abraham was old, advanced in years, and God had blessed Abraham in all things.

4 וַיִּקְרָא יִצְחָק אֶל-יַעֲקֹב וַיְבָרֶךְ אֹתוֹ. (Genesis 28:1)
And Isaac called Jacob and blessed him.

5 וְאֵל שַׁדַּי יְבָרֵךְ אֹתְךָ. . .וְיִתֶּן-לְךָ אֶת-בִּרְכַּת אַבְרָהָם לְךָ וּלְזַרְעֲךָ אִתָּךְ.
(Genesis 28:3,4)
And God Almighty bless you (Jacob)...and give the blessing of Abraham to you and your offspring.

שַׁבָּת הַמַּלְכָּה

# The Sabbath Queen

Just as we sing שָׁלוֹם עֲלֵיכֶם to welcome Shabbat so too do we sing שַׁבָּת הַמַּלְכָּה.

Look for words built on these roots:
(מ ל כ) (ב ו א) (ב ר כ) (ק ד שׁ)
Practice reading the song. Learn how to sing the passage.

1 הַחַמָּה מֵרֹאשׁ הָאִילָנוֹת נִסְתַּלְּקָה.
2 בֹּאוּ וְנֵצֵא לִקְרַאת שַׁבָּת הַמַּלְכָּה.
3 הִנֵּה הִיא יוֹרֶדֶת. הַקְּדוֹשָׁה. הַבְּרוּכָה.
4 וְעִמָּהּ מַלְאָכִים. צְבָא שָׁלוֹם וּמְנוּחָה.
5 בֹּאִי בֹּאִי הַמַּלְכָּה. בֹּאִי בֹּאִי הַכַּלָּה.
6 שָׁלוֹם עֲלֵיכֶם. מַלְאֲכֵי הַשָּׁלוֹם:

The first verse of the prayer מַה-טֹּבוּ comes directly from the Torah. The words are spoken by the non-Jewish prophet בִּלְעָם – Balaam.

Lesson
4
מַה-טֹּבוּ

Balaam Speaks!

Add the missing words to complete the verse of מַה-טֹּבוּ. Hint: The missing Hebrew words are found on the Israelite's tents.

_______ _______ _______, יַעֲקֹב, מִשְׁכְּנֹתֶיךָ, יִשְׂרָאֵל.

How good are your tents, Jacob, your dwelling places, Israel

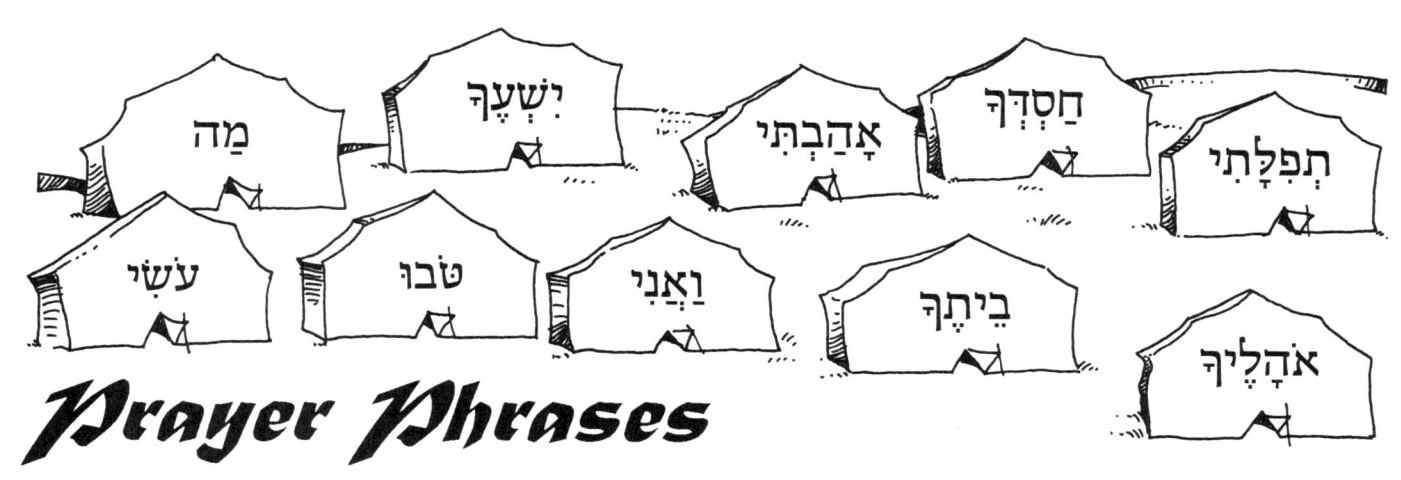

מַה
יִשְׁעֶךָ
אַהֲבְתִּי
חַסְדְּךָ
תְּפִלָּתִי
עֹשִׂי
טֹּבוּ
וַאֲנִי
בֵּיתֶךָ
אֹהָלֶיךָ

# Prayer Phrases

Add the missing Hebrew word(s) to complete each phrase from מַה-טֹּבוּ. Select the missing words from those found on the tents.

1 _______ (and I) בְּרֹב _______ (your kindness) אָבוֹא _______ (your house)

2 _______ (I loved) מְעוֹן בֵּיתֶךָ

3 אֶבְרְכָה לִפְנֵי-יְיָ _______ (my Maker)

4 וַאֲנִי _______ (my prayer) לְךָ

5 עֲנֵנִי בֶּאֱמֶת _______ (Your salvation)

# *Rhythm Reading*

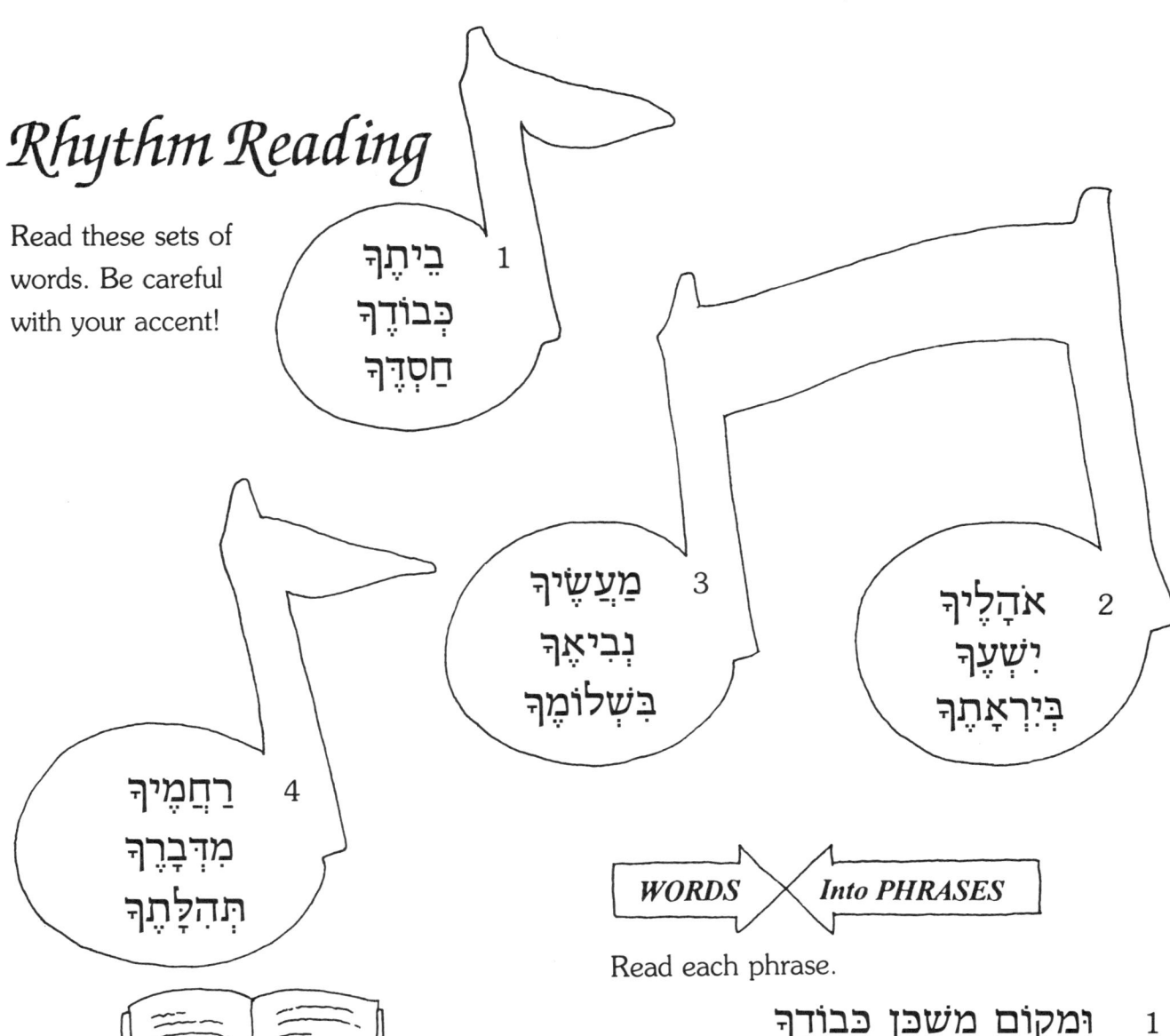

Read these sets of words. Be careful with your accent!

1
בֵּיתֶךָ
כְּבוֹדֶךָ
חַסְדֶּךָ

2
אֹהָלֶיךָ
יִשְׁעֶךָ
בְּיִרְאָתֶךָ

3
מַעֲשֶׂיךָ
נְבִיאֶךָ
בִּשְׁלוֹמֶךָ

4
רַחֲמֶיךָ
מִדְבָּרֶךָ
תְּהִלָּתֶךָ

***WORDS*** ***Into PHRASES***

Read each phrase.

1 וּמְקוֹם מִשְׁכַּן כְּבוֹדֶךָ

2 בְּכָל-עֵת וּבְכָל שָׁעָה בִּשְׁלוֹמֶךָ

3 אֱלֹהִים בְּרָב-חַסְדֶּךָ

4 נוֹדֶה לְּךָ וּנְסַפֵּר תְּהִלָּתֶךָ

5 מָה רַבּוּ מַעֲשֶׂיךָ יְיָ

6 כַּכָּתוּב עַל-יַד נְבִיאֶךָ

7 וְדָבָר אֶחָד מִדְּבָרֶיךָ

8 כִּי לֹא-כָלוּ רַחֲמֶיךָ וְהַמְרַחֵם

**Reading Rule**
**SUFFIX ENDING**

The suffix ךָ means *you, your*. When the combination ֶיךָ or ֶךָ comes at the end of a word, the accent is placed on the letter-vowel combination that comes before ךָ (בֵּי תֶ ךָ).

# Letter Tree

The letters ך כ ח make the same sound. Which two letters are in the same letter family? _____ and _____

Read the following words. Which word has the two sound-alike letters ח and ך?

| | | | | |
|---|---|---|---|---|
| 1 | שָׂכָר | מְרַחֵם | אֶל-הֵיכַל | לָנֶצַח |
| 2 | אֶשְׁתַּחֲוֶה | בְּשָׁכְבֵּנוּ | קָדְשָׁתְךָ | בִּשְׁבָחוֹת |
| 3 | מְשִׁיחֶךָ | וְאֶכְרָעָה | מְשֻׁבָּח | מְשַׂמֵּחַ |

**Reading Rule**
**DOUBLE SH'VA**

When a Double Sh'va appears in a word (קָדְשְׁךָ), the first Sh'va is silent (קָדְ) and the second Sh'va is sounded (שְׁךָ).

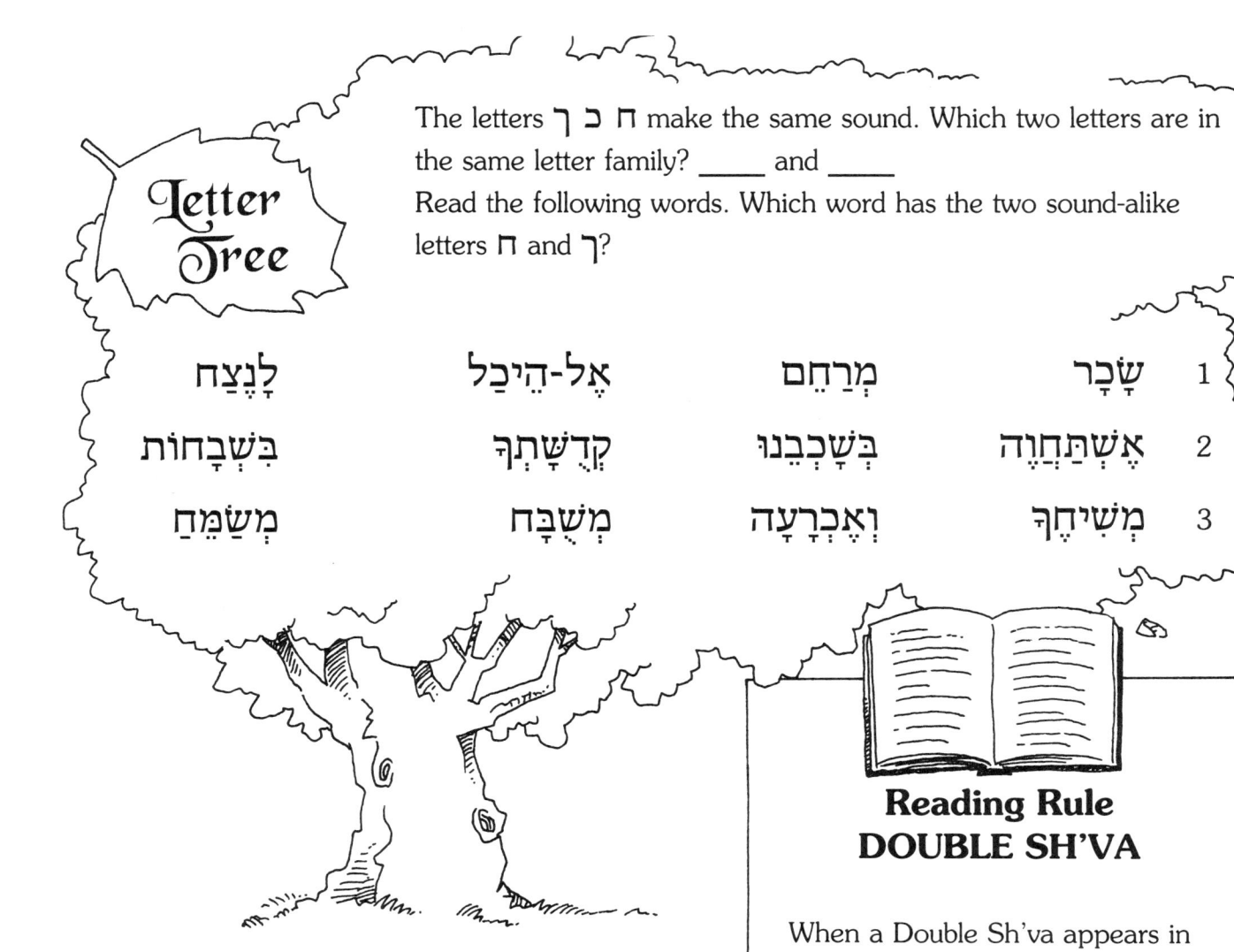

# WORD BUILDING

Read each word part. Put the word-parts together and read each whole word.

| | | | |
|---|---|---|---|
| 1 | אֶבְ | רְכָה | אֶבְרְכָה |
| 2 | חַסְ | דְּךָ | חַסְדְּךָ |
| 3 | וּבְשָׁכְ | בְּךָ | וּבְשָׁכְבְּךָ |
| 4 | לְעָבְ | דְּךָ | לְעָבְדְּךָ |
| 5 | קָדְ | שְׁךָ | קָדְשְׁךָ |
| 6 | מִשְׁ | כְּנֹתֶיךָ | מִשְׁכְּנֹתֶיךָ |
| 7 | נִפְ | לְאֹתֶיךָ | נִפְלְאֹתֶיךָ |
| 8 | וְנִשְׂ | מְחָה | וְנִשְׂמְחָה |

# WORD WATCH

When you read a prayer, look for words that are repeated. This helps to develop fluent reading skills. Several words, or forms of words, are repeated in מַה-טֹּבוּ. Read the word in each box. Then watch for the word to be repeated in the phrases which follow. Practice reading the phrases aloud.

**בְּרֹב**

1 וַאֲנִי בְּרֹב חַסְדְּךָ

2 אֱלֹהִים בְּרָב-חַסְדֶּךָ

**אֶשְׁתַּחֲוֶה**

3 אֶשְׁתַּחֲוֶה אֶל-הֵיכַל קָדְשְׁךָ

4 אֶשְׁתַּחֲוֶה וְאֶכְרָעָה אֶבְרְכָה

**בֵּיתֶךָ**

5 אָבוֹא בֵיתֶךָ

6 אָהַבְתִּי מְעוֹן בֵּיתֶךָ

**חַסְדְּךָ**

7 בְּרֹב חַסְדְּךָ אָבוֹא בֵיתֶךָ

8 בְּרָב-חַסְדֶּךָ עֲנֵנִי

**יְיָ**

9 יְיָ אָהַבְתִּי מְעוֹן בֵּיתֶךָ

10 אֶבְרְכָה לִפְנֵי-יְיָ עֹשִׂי

11 תְּפִלָּתִי לְךָ יְיָ עֵת רָצוֹן

**וַאֲנִי**

12 וַאֲנִי בְּרֹב חַסְדְּךָ

13 וַאֲנִי אֶשְׁתַּחֲוֶה וְאֶכְרָעָה

14 וַאֲנִי תְּפִלָּתִי לְךָ

# WORD WATCH 2

The word, or a form of the word, in each box is from פְּסוּקֵי דְזִמְרָה found on page 41 in your text. Watch for the word to be repeated in the phrases which follow. Practice reading each phrase.

**עֹשֶׂה**

1 בָּרוּךְ עֹשֶׂה בְרֵאשִׁית

2 בָּרוּךְ אוֹמֵר וְעוֹשֶׂה

**הָעוֹלָם**

3 בָּרוּךְ שֶׁאָמַר וְהָיָה הָעוֹלָם

4 יָחִיד חֵי הָעוֹלָמִים

**מְרַחֵם**

5 בָּרוּךְ מְרַחֵם עַל הָאָרֶץ

6 בָּרוּךְ מְרַחֵם עַל הַבְּרִיּוֹת

**וּנְפָאֶרְךָ**

7 וּבִזְמִירוֹת נְגַדֶּלְךָ וּנְשַׁבֵּחֲךָ וּנְפָאֶרְךָ

8 מְשֻׁבָּח וּמְפֹאָר עֲדֵי-עַד שְׁמוֹ הַגָּדוֹל

**מְשֻׁבָּח**

9 מְשֻׁבָּח וּמְפֹאָר

10 בִּשְׁבָחוֹת וּבִזְמִירוֹת

11 נְגַדֶּלְךָ וּנְשַׁבֵּחֲךָ וּנְפָאֶרְךָ

12 מֶלֶךְ מְהֻלָּל בַּתִּשְׁבָּחוֹת

**שְׁמוֹ**

13 בָּרוּךְ שְׁמוֹ

14 וְנַזְכִּיר שִׁמְךָ וְנַמְלִיכְךָ

15 וּמְפֹאָר עֲדֵי-עַד שְׁמוֹ הַגָּדוֹל

# FRUIT OF THE TREE

Below is an orchard of trees growing in Israel. Each tree grows from Hebrew roots. The fruit on the tree contain Hebrew words. Read the Hebrew words and write the three root letters inside the roots of the tree. Write the English meaning of the root below each tree. The first one has been completed for you.

חַסְדְּךָ
חַסְדֶּךָ
חֲסָדִים
חֶסֶד
אָהַבְתִּי
וְאַהֲבָתְךָ
וְאָהַבְתָּ
אֲהַבְתָּנוּ
מוֹשִׁיעַ
יִשְׁעֲךָ
יְשׁוּעוֹת
הוֹשִׁיעָה
א
ה
ב
love

קָדְשְׁךָ

קְדוֹשָׁה
קְדֻשָּׁתְךָ
נְקַדֵּשׁ
מֵיטִיב
טוֹבִים
טֹבוּ
יֵיטִיב
יִתְבָּרַךְ
אֲבָרְכָה
וּמְבָרְכִים
בָּרְכֵנוּ

Lesson
5
גְּבוּרוֹת

The עֲמִידָה is also known as הַתְּפִלָּה, *The Prayer*. However, it is not really one prayer. It is a series of blessings. There are seven blessings in the Friday Night עֲמִידָה and the Shabbat Morning עֲמִידָה. The גְּבוּרוֹת blessing is the second of the seven blessings. We praise God and acknowledge God's power in our lives.

Write the correct English meaning below each Hebrew word to complete the first sentence in גְּבוּרוֹת.

eternally    You (are)    to save    powerful    to all    (You) give life

| | | | | | |
|---|---|---|---|---|---|
| הַכֹּל | מְחַיֵּה | אֲדֹנָי, | לְעוֹלָם | גִּבּוֹר | אַתָּה |
| ________ | ________ | , Adonai | ________ | ________ | ________ |

## finding meaning

| | | |
|---|---|---|
| לְהוֹשִׁיעַ. | אַתָּה, רַב | (מֵתִים) |
| . ________ | great is Your power | (the dead) |

Now that you know the meaning of each word in the sentence, write the meaning of the Hebrew sentence in your own words.

______________________________________________

______________________________________________

# forever & ever

The word לְעוֹלָם means *forever*. The phrase לְעוֹלָם וָעֶד means *forever and ever*. Each phrase and sentence contains one or more forms of the word לְעוֹלָם. Read each word related to לְעוֹלָם and then read the complete sentence.

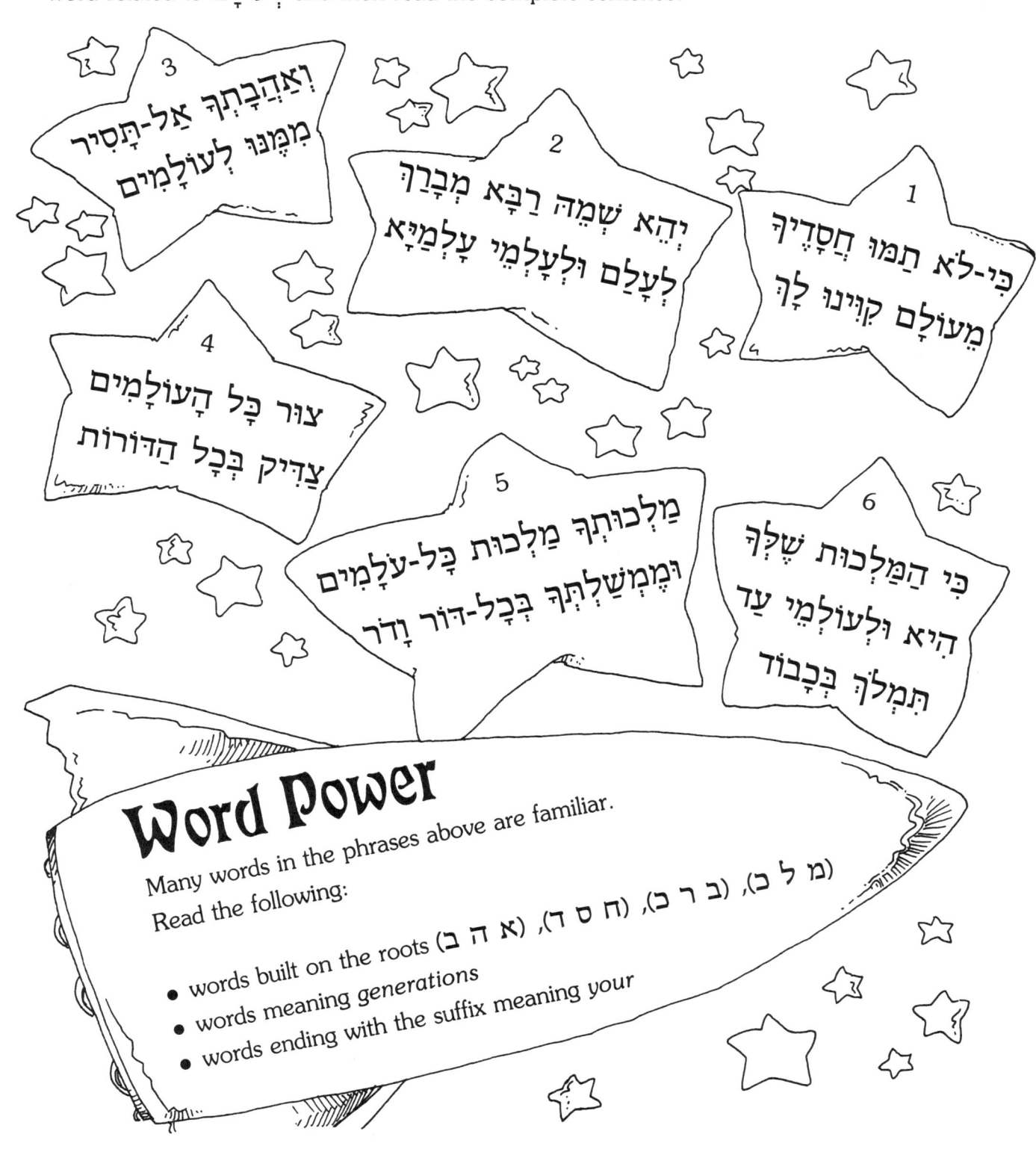

1
כִּי-לֹא תַמּוּ חֲסָדֶיךָ
מֵעוֹלָם קִוִּינוּ לָךְ

2
יְהֵא שְׁמֵהּ רַבָּא מְבָרַךְ
לְעָלַם וּלְעָלְמֵי עָלְמַיָּא

3
וְאַהֲבָתְךָ אַל-תָּסִיר
מִמֶּנּוּ לְעוֹלָמִים

4
צוּר כָּל הָעוֹלָמִים
צַדִּיק בְּכָל הַדּוֹרוֹת

5
מַלְכוּתְךָ מַלְכוּת כָּל-עֹלָמִים
וּמֶמְשַׁלְתְּךָ בְּכָל-דּוֹר וָדֹר

6
כִּי הַמַּלְכוּת שֶׁלְּךָ
הִיא וּלְעוֹלְמֵי עַד
תִּמְלֹךְ בְּכָבוֹד

## Word Power

Many words in the phrases above are familiar.
Read the following:

- words built on the roots (א ה ב), (ח ס ד), (ב ר כ), (מ ל כ)
- words meaning *generations*
- words ending with the suffix meaning *your*

# THE TORAH CONNECTION

Practice reading the *Verses from Torah* below.

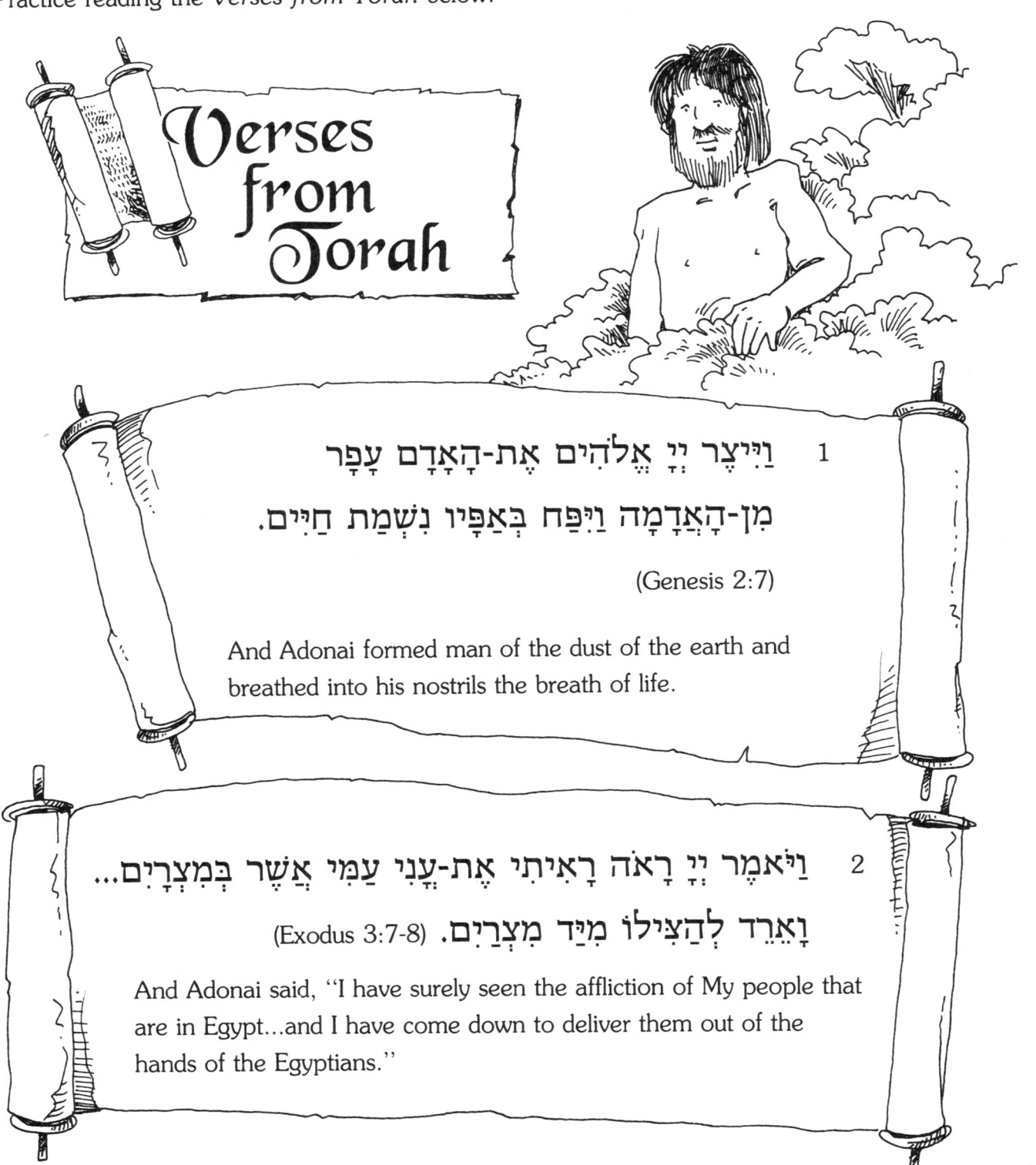

Verses from Torah

1 וַיִּיצֶר יְיָ אֱלֹהִים אֶת-הָאָדָם עָפָר

מִן-הָאֲדָמָה וַיִּפַּח בְּאַפָּיו נִשְׁמַת חַיִּים.

(Genesis 2:7)

And Adonai formed man of the dust of the earth and breathed into his nostrils the breath of life.

2 וַיֹּאמֶר יְיָ רָאֹה רָאִיתִי אֶת-עֳנִי עַמִּי אֲשֶׁר בְּמִצְרָיִם...

וָאֵרֵד לְהַצִּילוֹ מִיַּד מִצְרַיִם. (Exodus 3:7-8)

And Adonai said, "I have surely seen the affliction of My people that are in Egypt...and I have come down to deliver them out of the hands of the Egyptians."

3   וְאָהַבְתָּ לְרֵעֲךָ כָּמוֹךָ.

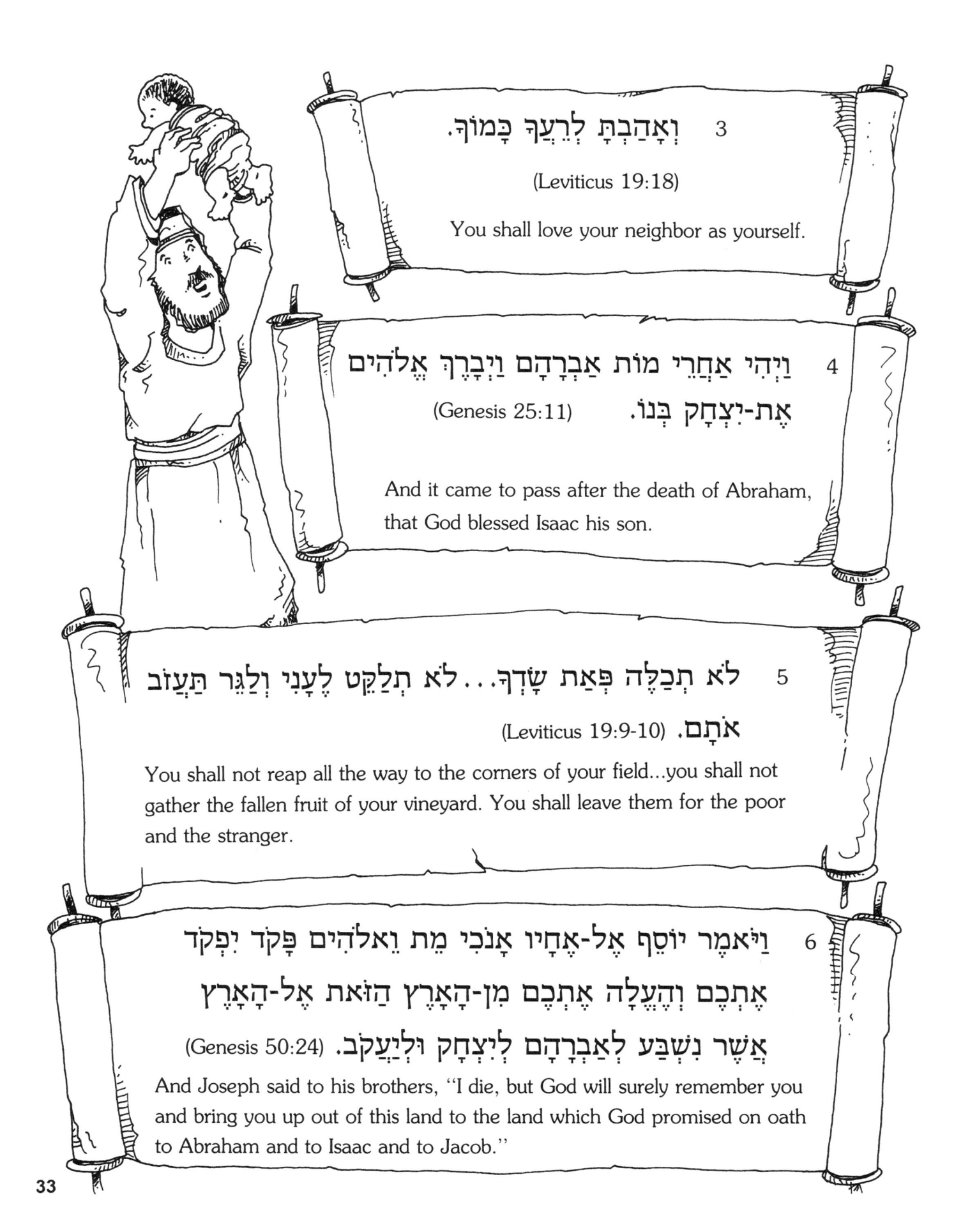

(Leviticus 19:18)

You shall love your neighbor as yourself.

4   וַיְהִי אַחֲרֵי מוֹת אַבְרָהָם וַיְבָרֶךְ אֱלֹהִים אֶת-יִצְחָק בְּנוֹ.

(Genesis 25:11)

And it came to pass after the death of Abraham, that God blessed Isaac his son.

5   לֹא תְכַלֶּה פְּאַת שָׂדְךָ...לֹא תְלַקֵּט לֶעָנִי וְלַגֵּר תַּעֲזֹב אֹתָם.

(Leviticus 19:9-10)

You shall not reap all the way to the corners of your field...you shall not gather the fallen fruit of your vineyard. You shall leave them for the poor and the stranger.

6   וַיֹּאמֶר יוֹסֵף אֶל-אֶחָיו אָנֹכִי מֵת וֵאלֹהִים פָּקֹד יִפְקֹד אֶתְכֶם וְהֶעֱלָה אֶתְכֶם מִן-הָאָרֶץ הַזֹּאת אֶל-הָאָרֶץ אֲשֶׁר נִשְׁבַּע לְאַבְרָהָם לְיִצְחָק וּלְיַעֲקֹב.

(Genesis 50:24)

And Joseph said to his brothers, "I die, but God will surely remember you and bring you up out of this land to the land which God promised on oath to Abraham and to Isaac and to Jacob."

# Word Find

Below are twelve Hebrew roots. Find the English meaning of each root in the Word Find puzzle. Circle the English meaning of each one.

The English words appear from left to right or from top to bottom.

Hint: Sometimes letters found in one word are part of another word.

1 (ב ו א)
2 (ב ר כ)
3 (ש מ ר)
4 (ע ש ה)
5 (י ש ע)
6 (ק ב ל)
7 (ח ס ד)
8 (י צ א)
9 (ז כ ר)
10 (ק ד ש)
11 (ח י ה)
12 (א ה ב)

| | | | | | | | | | |
|---|---|---|---|---|---|---|---|---|---|
| U | P | S | B | E | R | G | C | F | R |
| B | T | A | L | B | E | C | O | M | E |
| L | O | V | E | Q | M | R | M | B | C |
| R | X | E | S | K | E | E | P | T | E |
| M | A | I | S | Y | M | S | A | G | I |
| A | L | G | Z | O | B | T | S | A | V |
| K | I | N | D | N | E | S | S | H | E |
| E | V | V | U | M | R | E | I | G | O |
| D | E | P | A | R | T | H | O | L | Y |
| L | H | L | E | I | X | C | N | Q | C |

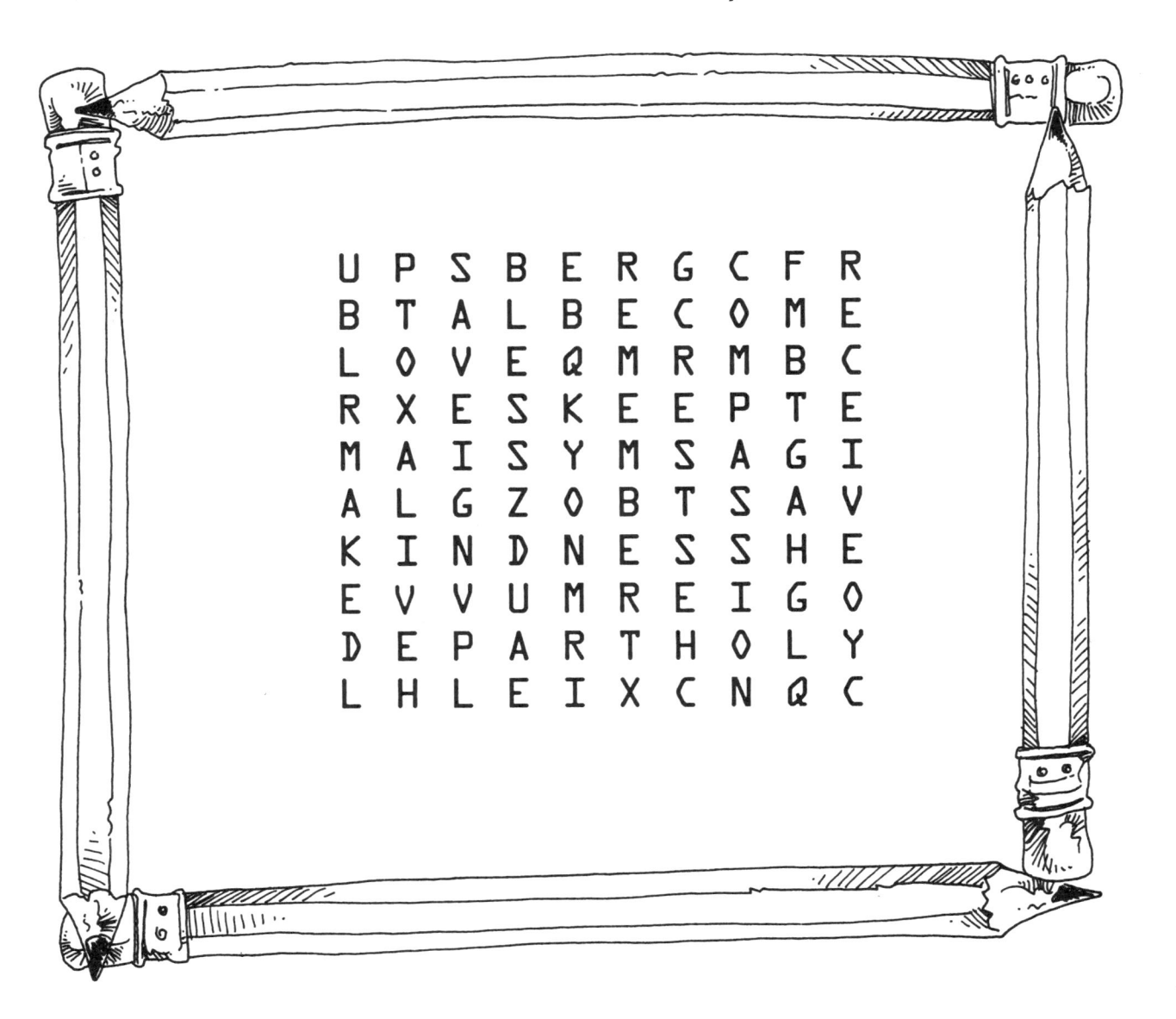

# TONGUE TWISTERS

How quickly can you read these English-sounding words without twisting your tongue?

| | | |
|---|---|---|
| אָי | בַּי | גָי |
| דַי | הָי | טַי |
| לַי | מָי | סַי |
| פָּי | רַי | שָׁי |

## Reading Rule
## EYE ENDING

The vowel sounds ַ and ָ followed by a י at the end of a word say EYE (אַי אָי).

## SOUNDS Into WORDS

Read each word. Circle the word meaning *life*.
(*Hint:* See page 48 in your text.)

| | | | | |
|---|---|---|---|---|
| 1 | אֲדֹנָי | אֲבוֹתַי | אֱלֹהַי | אֲזַי |
| 2 | סִינַי | שַׁדַּי | שְׂפָתַי | רַבּוֹתַי |
| 3 | עָלַי | חַי | דְּבָרַי | וְלִמְקַלְלַי |

# Lesson 6

## קְדוּשָּׁה

In the first blessing of the עֲמִידָה, called אָבוֹת, we acknowledge our special relationship with God throughout the generations. In the second blessing, גְּבוּרוֹת, we acknowledge God's powers. The קְדוּשָּׁה is the third blessing of the עֲמִידָה. The term קְדוּשָּׁה means *sanctification–holiness*. In this blessing we acknowledge the holiness of God.

Read each English phrase below. Then read each Hebrew phrase. *Challenge:* Circle the English meaning that matches the underlined Hebrew word(s).

| | | | |
|---|---|---|---|
| 1 | Let us sanctify Your name in the world | נְקַדֵּשׁ אֶת-שִׁמְךָ בָּעוֹלָם | 1 |
| 2 | The whole earth is full of God's glory | מְלֹא כָל-הָאָרֶץ כְּבוֹדוֹ | 2 |
| 3 | Adonai will rule forever | יִמְלֹךְ יְיָ לְעוֹלָם | 3 |
| 4 | Your God, O Zion, from generation to generation | אֱלֹהַיִךְ צִיּוֹן לְדֹר וָדֹר | 4 |
| 5 | From generation to generation we will tell of Your greatness | לְדוֹר וָדוֹר נַגִּיד גָּדְלֶךָ | 5 |
| 6 | And our praise of You, O God, will not leave our mouths | וְשִׁבְחֲךָ, אֱלֹהֵינוּ, מִפִּינוּ לֹא יָמוּשׁ | 6 |

**Think About It!**

Read the Hebrew phrase meaning *the whole earth is full of God's glory*.
What are examples of *God's glory* that we see, feel, and experience?

## UNDERSTANDING THE ROOT (ק ד שׁ)

Many words in the קְדוּשָּׁה are built on the root (ק ד שׁ).
Unscramble the letters below to write two English meanings for the root (ק ד שׁ).

(oylh) (tsayficn)

# *Torah Chanting*

Read the words built on the root (ק ד שׁ).

1 קֹדֶשׁ קָדוֹשׁ קִדּוּשׁ

2 הַקָּדוֹשׁ קְדוּשָּׁה קָדְשׁוֹ

3 נְקַדֵּשׁ נַקְדִּישׁ קָדְשְׁךָ

4 קְדֻשָּׁתְךָ וּקְדוֹשִׁים שֶׁמַּקְדִּישִׁים

Read the phrases from the קְדוּשָּׁה.

1 נְקַדֵּשׁ אֶת-שִׁמְךָ בָּעוֹלָם

2 כְּשֵׁם שֶׁמַּקְדִּישִׁים אוֹתוֹ בִּשְׁמֵי מָרוֹם

3 קָדוֹשׁ, קָדוֹשׁ, קָדוֹשׁ יְיָ צְבָאוֹת

4 וּלְנֵצַח נְצָחִים קְדֻשָּׁתְךָ נַקְדִּישׁ

5 בָּרוּךְ אַתָּה, יְיָ, הָאֵל הַקָּדוֹשׁ

## CONCLUDING SENTENCE

Which of the above is the concluding sentence for the morning קְדוּשָּׁה?

# A KEY ROOT

Knowledge of the root (ק ד שׁ) is key to understanding the three prayers
קִדּוּשׁ, קְדוּשָׁה, קַדִּישׁ.

The following is a selection from each prayer. Read the words built on the root (ק ד שׁ) and then read the complete section.

1. כִּי הוּא יוֹם תְּחִלָּה לְמִקְרָאֵי
2. קֹדֶשׁ, זֵכֶר לִיצִיאַת מִצְרָיִם. כִּי
3. בָנוּ בָחַרְתָּ וְאוֹתָנוּ קִדַּשְׁתָּ מִכָּל
4. הָעַמִּים, וְשַׁבַּת קָדְשְׁךָ בְּאַהֲבָה
5. וּבְרָצוֹן הִנְחַלְתָּנוּ. בָּרוּךְ אַתָּה,
6. יְיָ, מְקַדֵּשׁ הַשַּׁבָּת.

קְדוּשָׁה

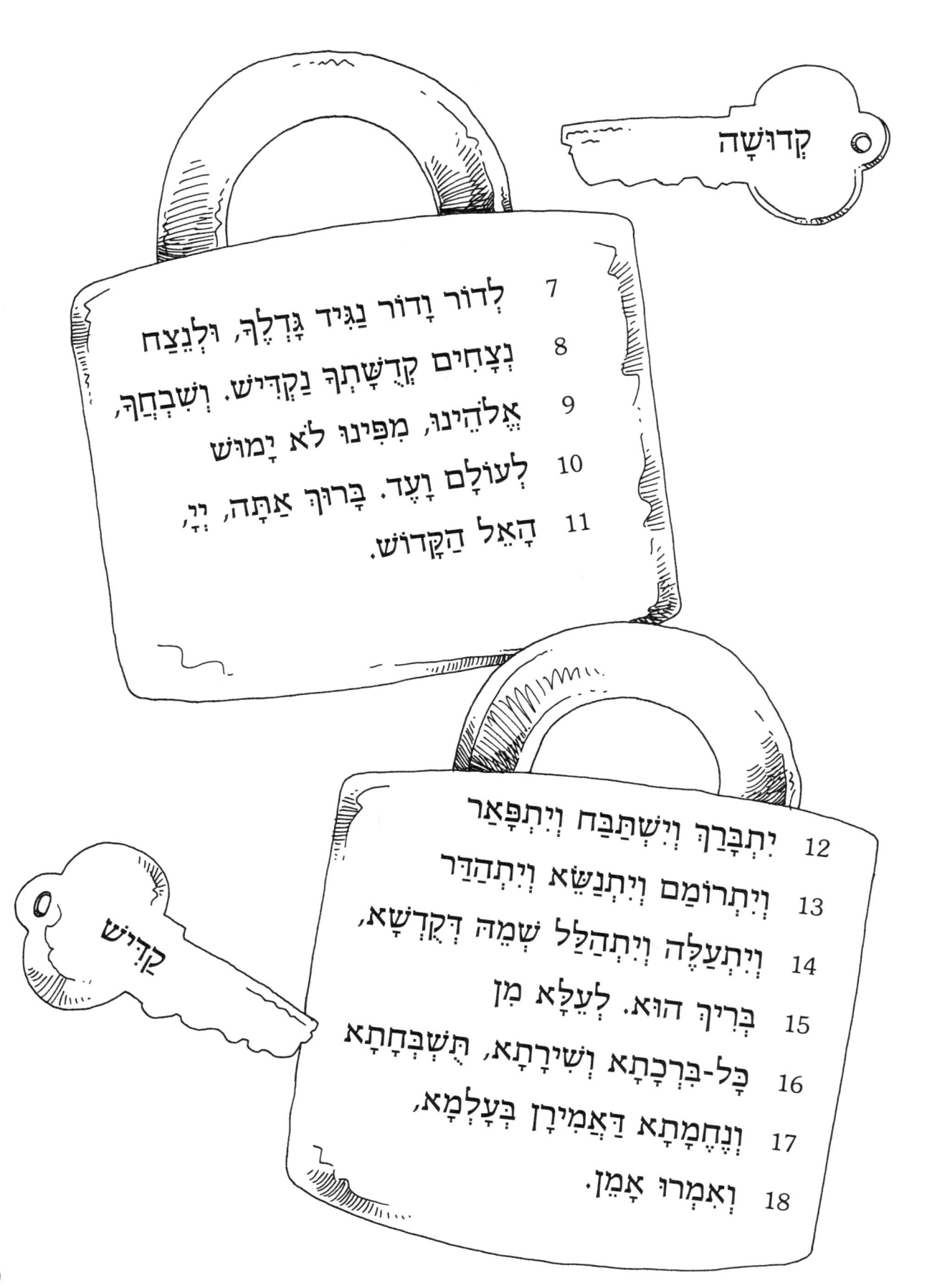

7 לְדוֹר וָדוֹר נַגִּיד גָּדְלֶךָ, וּלְנֵצַח
8 נְצָחִים קְדֻשָּׁתְךָ נַקְדִּישׁ. וְשִׁבְחֲךָ,
9 אֱלֹהֵינוּ, מִפִּינוּ לֹא יָמוּשׁ
10 לְעוֹלָם וָעֶד. בָּרוּךְ אַתָּה, יְיָ,
11 הָאֵל הַקָּדוֹשׁ.

קָדִישׁ

12 יִתְבָּרַךְ וְיִשְׁתַּבַּח וְיִתְפָּאַר
13 וְיִתְרוֹמַם וְיִתְנַשֵּׂא וְיִתְהַדָּר
14 וְיִתְעַלֶּה וְיִתְהַלָּל שְׁמֵהּ דְּקֻדְשָׁא,
15 בְּרִיךְ הוּא. לְעֵלָּא מִן
16 כָּל-בִּרְכָתָא וְשִׁירָתָא, תֻּשְׁבְּחָתָא
17 וְנֶחֱמָתָא דַּאֲמִירָן בְּעָלְמָא,
18 וְאִמְרוּ אָמֵן.

# Laws of Holiness

In Leviticus, Chapter 19, known as קְדֹשִׁים, God instructs us in the ethical behavior we are to follow so that we can fulfill the מִצְוָה, the *commandment*, to be a holy people. Read this section from Leviticus.

וַיְדַבֵּר יְיָ אֶל-מֹשֶׁה לֵּאמֹר:
דַּבֵּר אֶל-כָּל-עֲדַת בְּנֵי-יִשְׂרָאֵל וְאָמַרְתָּ אֲלֵיהֶם
קְדֹשִׁים תִּהְיוּ כִּי קָדוֹשׁ אֲנִי יְיָ אֱלֹהֵיכֶם

*And Adonai spoke to Moses saying:*
*Speak to the congregation of the children of Israel and say to them:*
*You shall be holy for I, Adonai, your God am holy.*

Leviticus 19:1-2

Now read the following מִצְוֹת, *commandments*, from Leviticus 19.

**1**
לֹא תִּגְנֹבוּ וְלֹא-תְכַחֲשׁוּ
וְלֹא-תְשַׁקְּרוּ אִישׁ
בַּעֲמִיתוֹ. (Leviticus 19:11)

You shall not steal and you shall not deal deceitfully and you shall not lie to one another.

**2**
לֹא-תְקַלֵּל חֵרֵשׁ וְלִפְנֵי
עִוֵּר לֹא תִתֵּן מִכְשֹׁל.
(Leviticus 19:14)

You shall not curse the deaf and not place a stumbling block before the blind.

40

3

לֹא-תַעֲשׂוּ עָוֶל בַּמִּשְׁפָּט...
בְּצֶדֶק תִּשְׁפֹּט עֲמִיתֶךָ.
(Leviticus 19:15)

You shall not make an unfair decision...in righteousness you shall judge your neighbor.

4

לֹא-תִקֹּם וְלֹא-תִטֹּר
אֶת-בְּנֵי עַמֶּךָ וְאָהַבְתָּ
לְרֵעֲךָ כָּמוֹךָ אֲנִי יְיָ.
(Leviticus 19:18)

You shall not take vengeance and not bear a grudge against the children of your people. You shall love your neighbor as yourself: I am Adonai.

5

כְּאֶזְרָח מִכֶּם יִהְיֶה לָכֶם
הַגֵּר, הַגָּר אִתְּכֶם וְאָהַבְתָּ
לוֹ כָּמוֹךָ כִּי-גֵרִים הֱיִיתֶם
בְּאֶרֶץ מִצְרָיִם אֲנִי יְיָ
אֱלֹהֵיכֶם. (Leviticus 19:34)

The stranger who resides among you shall be to you as one of your own and you shall love that person as yourself for you were strangers in the land of Egypt. I am Adonai your God.

## **IN**sights

The terms "deaf" and "blind" represent more than those who cannot hear and cannot see (Leviticus 19:14). What other human needs require your support? Think about the significance of each commandment for both you and for others.

# Lesson 7

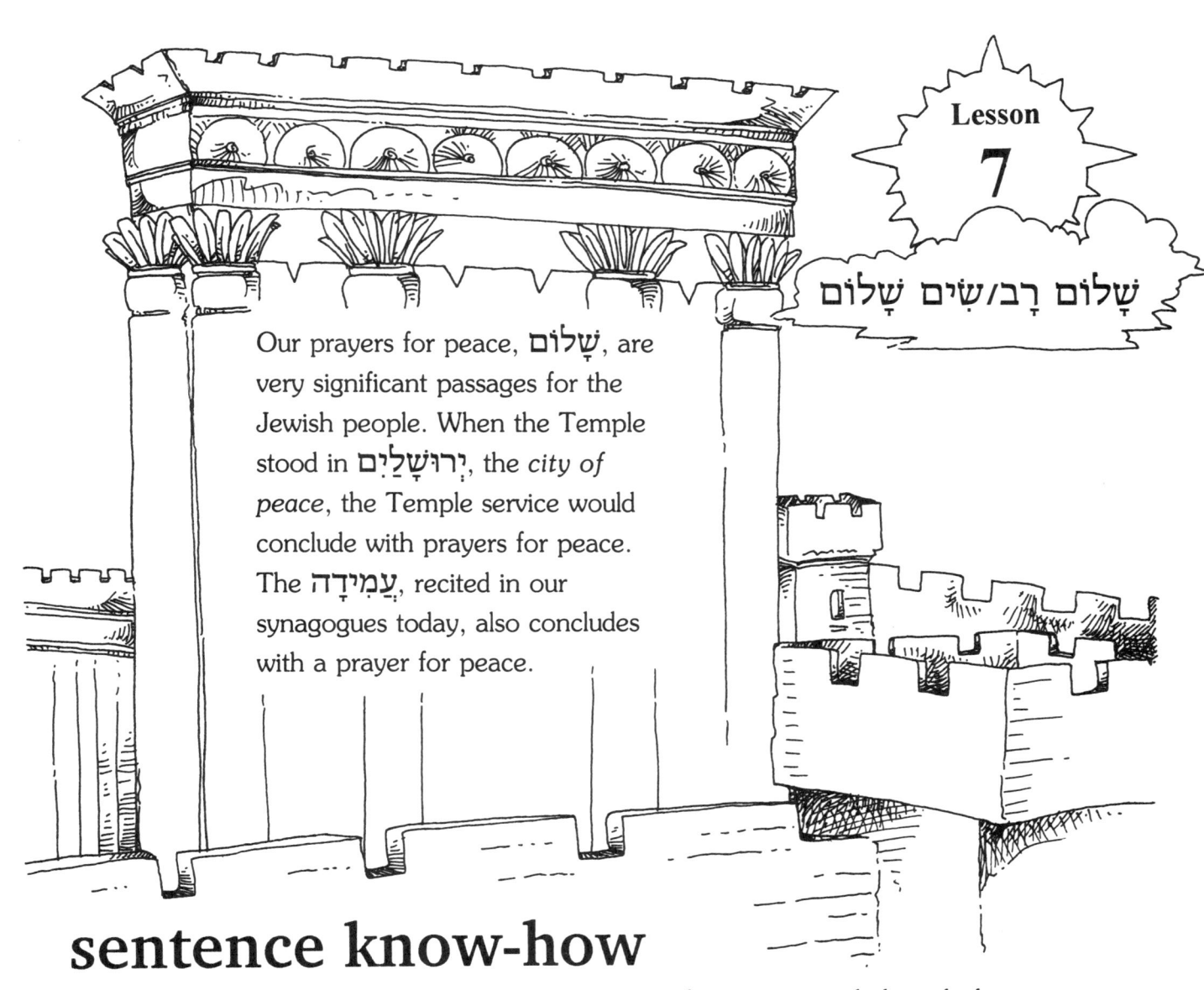

## שָׁלוֹם רָב/שִׂים שָׁלוֹם

Our prayers for peace, שָׁלוֹם, are very significant passages for the Jewish people. When the Temple stood in יְרוּשָׁלַיִם, the *city of peace*, the Temple service would conclude with prayers for peace. The עֲמִידָה, recited in our synagogues today, also concludes with a prayer for peace.

## sentence know-how

The evening and the morning versions of the prayer for peace conclude with the same two sentences. Read the Hebrew sentences below.

1 וְטוֹב בְּעֵינֶיךָ, לְבָרֵךְ אֶת-עַמְּךָ יִשְׂרָאֵל, בְּכָל-עֵת וּבְכָל-שָׁעָה בִּשְׁלוֹמֶךָ.

2 בָּרוּךְ אַתָּה, יְיָ, הַמְבָרֵךְ אֶת-עַמּוֹ יִשְׂרָאֵל בַּשָּׁלוֹם.

*And may it be good in Your eyes to bless Your people Israel at every time and at every hour with Your peace.*
*Praised are You, Adonai, who blesses God's people Israel with peace.*

# THE MORNING עֲמִידָה
## שִׂים שָׁלוֹם

Write each Hebrew phrase next to the correct English meaning below.

כֻּלָּנוּ כְּאֶחָד     תּוֹרַת חַיִּים     חֵן וָחֶסֶד     בְּאוֹר פָּנֶיךָ נָתַתָּ לָּנוּ

וְאַהֲבַת חֶסֶד     טוֹבָה וּבְרָכָה     בָּרְכֵנוּ אָבִינוּ     שִׂים שָׁלוֹם

1 grant peace ______________________

2 goodness and blessing ______________________

3 graciousness and kindness ______________________

*Reading Practice:* Read the three Hebrew phrases above without pausing!

4 bless us our Parent ______________________

5 all of us as one ______________________

6 with the light of Your face You gave us ______________________

7 Torah of life ______________________

8 and a love of kindness ______________________

*Reading Practice:* Read the five Hebrew phrases above without pausing!

# CREATING PEACE

Each tree below contains a Hebrew root. The meaning of each root represents a way to bring peace to the world. Using the English words in the box below, write the English meaning of each root on the trunk of the tree. Then write on the leaves of the tree the different ways each concept can help further peace in your heart, your home, your community, or the world.

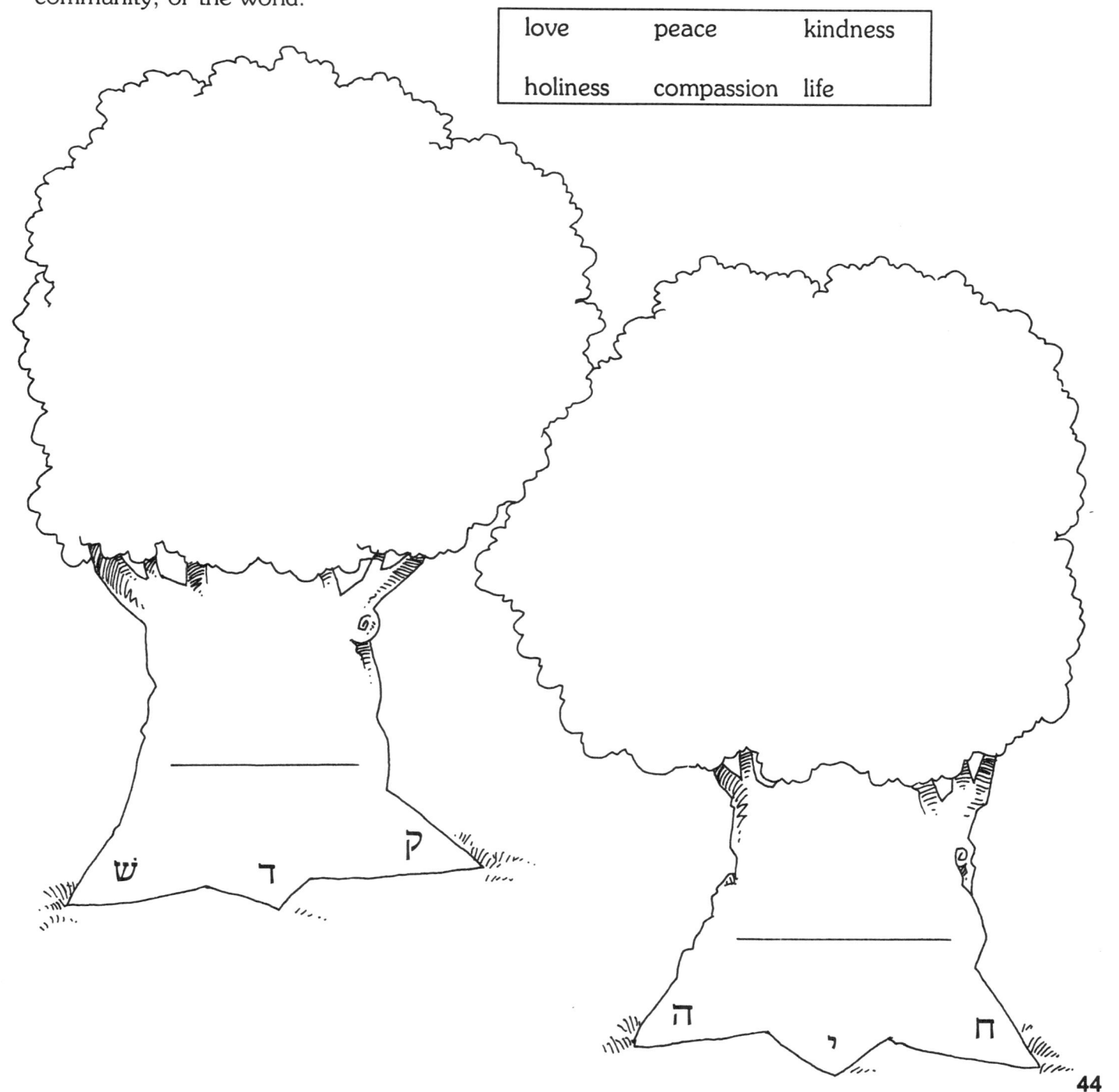

| love | peace | kindness |
| holiness | compassion | life |

ח ס ד
א ה ב
ש ל מ
ר ח מ

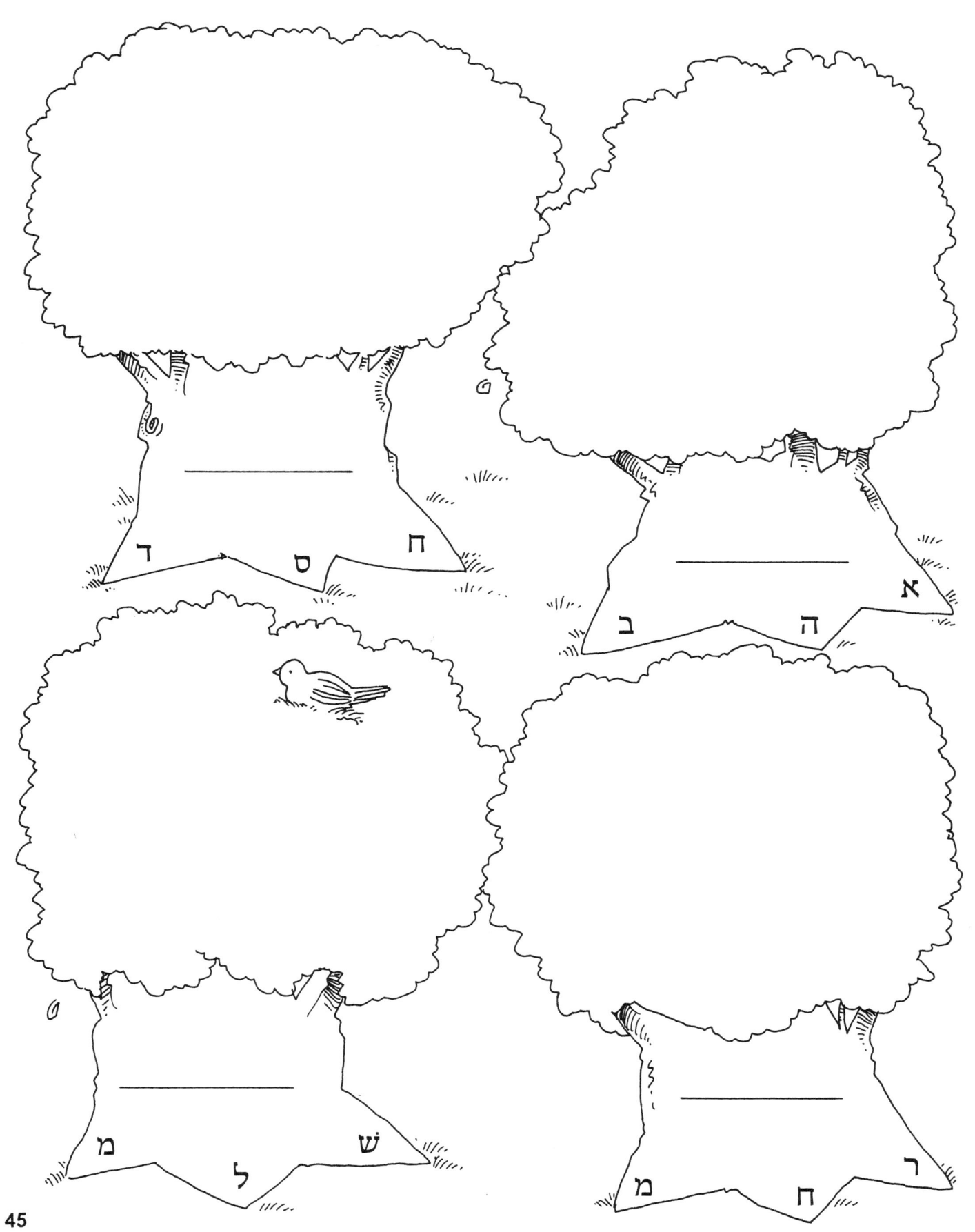

# WORD WATCH

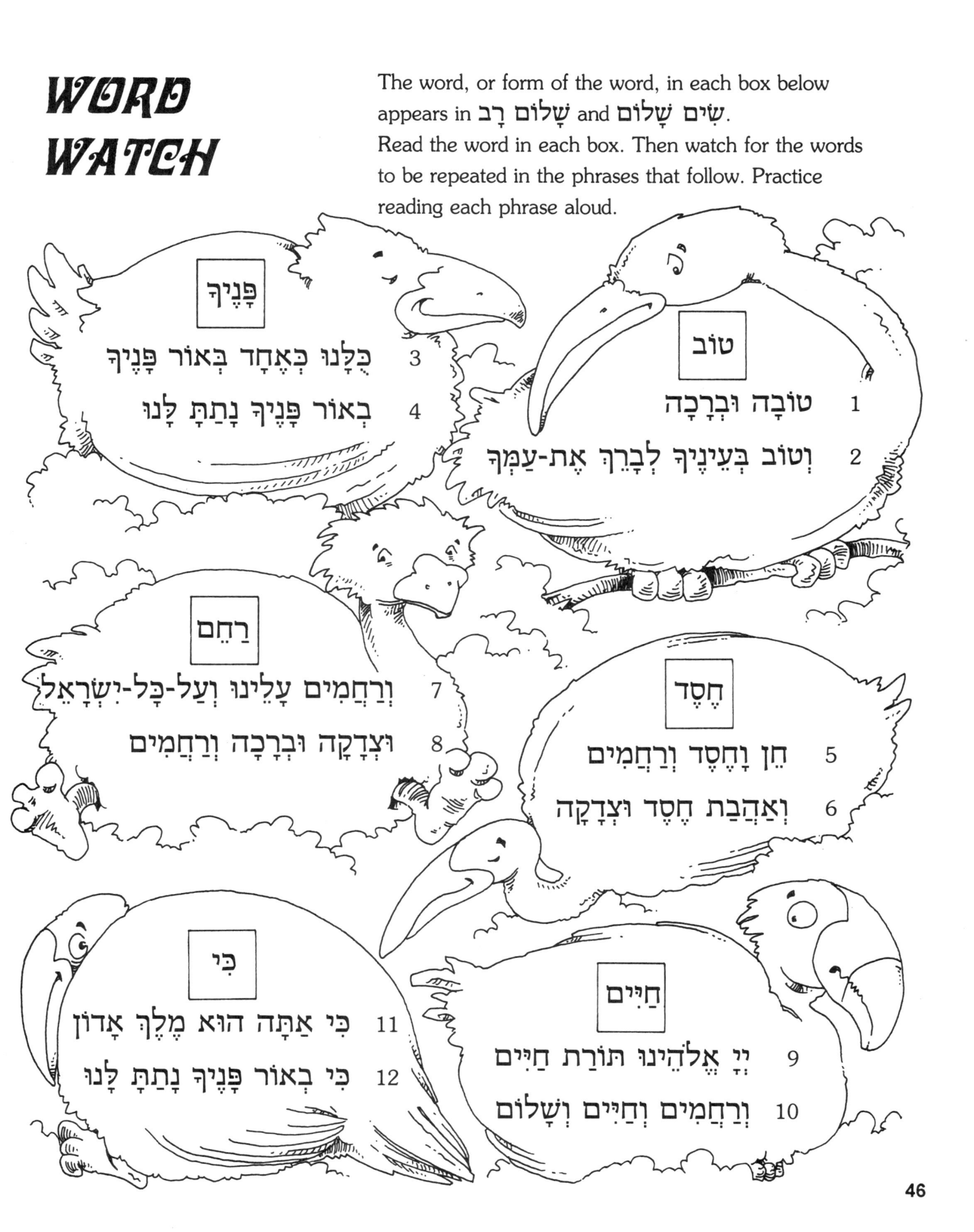

The word, or form of the word, in each box below appears in שָׁלוֹם רָב and שִׂים שָׁלוֹם.
Read the word in each box. Then watch for the words to be repeated in the phrases that follow. Practice reading each phrase aloud.

**פָּנֶיךָ**

3 כֻּלָּנוּ כְּאֶחָד בְּאוֹר פָּנֶיךָ

4 בְאוֹר פָּנֶיךָ נָתַתָּ לָּנוּ

**טוֹב**

1 טוֹבָה וּבְרָכָה

2 וְטוֹב בְּעֵינֶיךָ לְבָרֵךְ אֶת-עַמְּךָ

**רַחֵם**

7 וְרַחֲמִים עָלֵינוּ וְעַל-כָּל-יִשְׂרָאֵל

8 וּצְדָקָה וּבְרָכָה וְרַחֲמִים

**חֶסֶד**

5 חֵן וָחֶסֶד וְרַחֲמִים

6 וְאַהֲבַת חֶסֶד וּצְדָקָה

**כִּי**

11 כִּי אַתָּה הוּא מֶלֶךְ אָדוֹן

12 כִּי בְאוֹר פָּנֶיךָ נָתַתָּ לָּנוּ

**חַיִּים**

9 יְיָ אֱלֹהֵינוּ תּוֹרַת חַיִּים

10 וְרַחֲמִים וְחַיִּים וְשָׁלוֹם

### עַם יִשְׂרָאֵל

13 עַל-יִשְׂרָאֵל עַמְּךָ תָּשִׂים לְעוֹלָם
14 וְעַל-כָּל-יִשְׂרָאֵל עַמֶּךָ
15 לְבָרֵךְ אֶת-עַמְּךָ יִשְׂרָאֵל
16 אֶת-עַמּוֹ יִשְׂרָאֵל בַּשָּׁלוֹם

### כָּל

17 וְעַל-כָּל-יִשְׂרָאֵל
18 כֻּלָּנוּ כְּאֶחָד
19 בְּכָל-עֵת וּבְכָל-שָׁעָה
20 אָדוֹן לְכָל הַשָּׁלוֹם

### בָּרוּךְ

21 טוֹבָה וּבְרָכָה
22 בָּרְכֵנוּ אָבִינוּ כֻּלָּנוּ כְּאֶחָד
23 וּצְדָקָה וּבְרָכָה וְרַחֲמִים וְחַיִּים
24 וְטוֹב בְּעֵינֶיךָ לְבָרֵךְ אֶת-עַמְּךָ
25 בָּרוּךְ אַתָּה יְיָ
26 הַמְבָרֵךְ אֶת-עַמּוֹ יִשְׂרָאֵל בַּשָּׁלוֹם

### שָׁלוֹם

27 שָׁלוֹם רָב עַל-יִשְׂרָאֵל עַמְּךָ
28 מֶלֶךְ אָדוֹן לְכָל הַשָּׁלוֹם
29 שִׂים שָׁלוֹם טוֹבָה וּבְרָכָה
30 וְרַחֲמִים וְחַיִּים וְשָׁלוֹם
31 וּבְכָל-שָׁעָה בִּשְׁלוֹמֶךָ
32 אֶת-עַמּוֹ יִשְׂרָאֵל בַּשָּׁלוֹם

# *Rhythm Reading*

## הוֹדָאָה THANKSGIVING

The sixth בְּרָכָה of the עֲמִידָה is known as הוֹדָאָה, *Thanksgiving*. It is found on page 71 in your text. Practice reading these words from הוֹדָאָה.

1 חַיֵּינוּ אֱלֹהֵינוּ אֲבוֹתֵינוּ מַלְכֵּנוּ יִשְׁעֵנוּ

2 אֲנַחְנוּ קִוִּינוּ נִשְׁמוֹתֵינוּ יְשׁוּעָתֵנוּ וְעֶזְרָתֵנוּ

3 וּלְךָ שִׁמְךָ בְּיָדֶךָ יודוּךָ נִסֶּיךָ

4 רַחֲמֶיךָ תְּהִלָּתֶךָ חֲסָדֶיךָ וְטוֹבוֹתֶיךָ נִפְלְאוֹתֶיךָ

# Thank You

Here is a traditional prayer said upon awakening in the morning. It is called מוֹדֶה אֲנִי, *I give thanks*.

Recite the מוֹדֶה אֲנִי in class and again when you awake in the morning.

מוֹדֶה/מוֹדָה אֲנִי לְפָנֶיךָ מֶלֶךְ חַי
וְקַיָּם שֶׁהֶחֱזַרְתָּ בִּי נִשְׁמָתִי בְּחֶמְלָה
רַבָּה אֱמוּנָתֶךָ.

## Lesson 8

# בִּרְכוֹת הַהַפְטָרָה

The הַפְטָרָה reading of the week is a selection from one of the Books of the Prophets: נְבִיאִים. The Hebrew word נָבִיא, *prophet*, means someone who is a spokesperson for God. Five Haftarah blessings (בִּרְכוֹת הַהַפְטָרָה) accompany the Haftarah reading. The five בְּרָכוֹת reflect different aspects of Jewish belief.

## *The Blessing Before the Haftarah Reading*

Select the correct Hebrew words to complete the first Haftarah blessing. This blessing praises God for the teachings of the Prophets. Read the complete בְּרָכָה.

בֶּאֱמֶת    וָצֶדֶק    עַבְדּוֹ    טוֹבִים    הַבּוֹחֵר

בִּנְבִיאִים    עַמּוֹ    הַנֶּאֱמָרִים    בָּחַר

1 בָּרוּךְ אַתָּה, יְיָ אֱלֹהֵינוּ, מֶלֶךְ הָעוֹלָם, אֲשֶׁר ______________
chose

2 ________ ________, וְרָצָה בְדִבְרֵיהֶם ________ ________.
prophets, good, spoken, in truth

3 בָּרוּךְ אַתָּה יְיָ, ______________ בַּתּוֹרָה, וּבְמֹשֶׁה ________,
the One who chooses, God's servant

4 וּבְיִשְׂרָאֵל ______________, וּבִנְבִיאֵי הָאֱמֶת
God's people

______________.
and righteousness

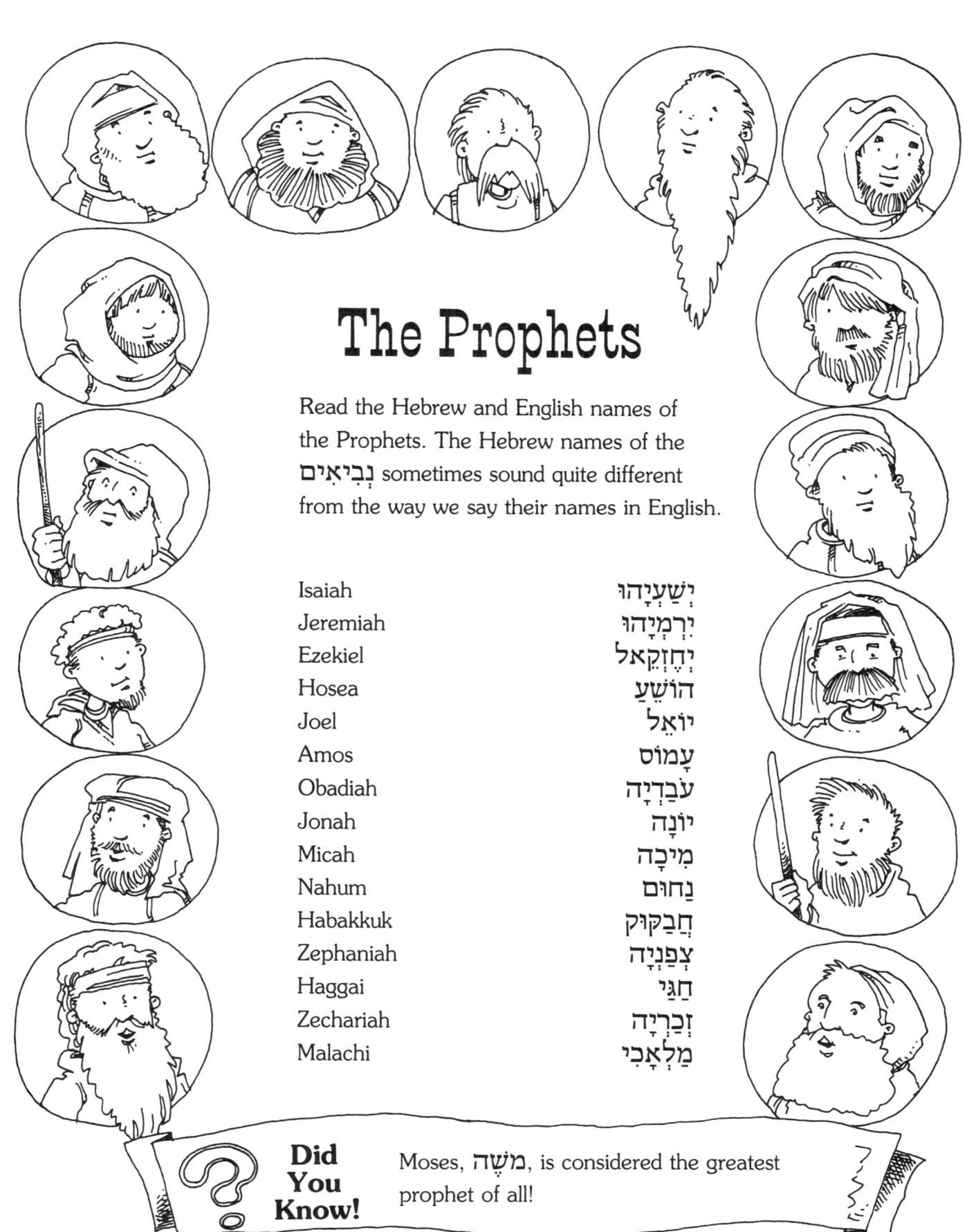

# The Prophets

Read the Hebrew and English names of the Prophets. The Hebrew names of the נְבִיאִים sometimes sound quite different from the way we say their names in English.

| | |
|---|---|
| Isaiah | יְשַׁעְיָהוּ |
| Jeremiah | יִרְמְיָהוּ |
| Ezekiel | יְחֶזְקֵאל |
| Hosea | הוֹשֵׁעַ |
| Joel | יוֹאֵל |
| Amos | עָמוֹס |
| Obadiah | עֹבַדְיָה |
| Jonah | יוֹנָה |
| Micah | מִיכָה |
| Nahum | נַחוּם |
| Habakkuk | חֲבַקּוּק |
| Zephaniah | צְפַנְיָה |
| Haggai | חַגַּי |
| Zechariah | זְכַרְיָה |
| Malachi | מַלְאָכִי |

**Did You Know!**

Moses, מֹשֶׁה, is considered the greatest prophet of all!

## Reading Rule
### DOUBLE-DUTY DOT

Sometimes the dot in שׁ serves two purposes. The dot identifies the letter שׁ and also serves as the vowel "O" for the letter that comes before the שׁ.

(מֹ שֶׁה = מֹשֶׁה)

Sometimes the dot in שׂ serves two purposes. The dot identifies the letter שׂ and also serves as the vowel "O" for the letter שׂ.

(חָ שֹׂף = חָשֹׂף)

# From the SIDDUR

Read the word that has a Double-Duty Dot in each of the following verses.
Circle the Double-Duty Dot in the words.
Read each verse.

1. בָּרוּךְ אַתָּה יְיָ, אֱלֹהֵינוּ מֶלֶךְ הָעוֹלָם, יוֹצֵר אוֹר
וּבוֹרֵא חשֶׁךְ, עוֹשֶׂה שָׁלוֹם וּבוֹרֵא אֶת-הַכֹּל.

2. קוֹל יְיָ יְחוֹלֵל אַיָּלוֹת וַיֶּחֱשֹׂף יְעָרוֹת,
וּבְהֵיכָלוֹ כֻּלּוֹ אֹמֵר כָּבוֹד.

3. בָּרוּךְ אַתָּה יְיָ, הַבּוֹחֵר בַּתּוֹרָה, וּבְמשֶׁה עַבְדּוֹ,
וּבְיִשְׂרָאֵל עַמּוֹ, וּבִנְבִיאֵי הָאֱמֶת וָצֶדֶק.

4. עַל-שְׁלשָׁה דְבָרִים הָעוֹלָם עוֹמֵד:
עַל הַתּוֹרָה וְעַל הָעֲבוֹדָה
וְעַל גְּמִילוּת חֲסָדִים.

5. וְזֹאת הַתּוֹרָה אֲשֶׁר-שָׂם משֶׁה לִפְנֵי בְּנֵי יִשְׂרָאֵל,
עַל-פִּי יְיָ בְּיַד-משֶׁה.

# The First Blessing After the Haftarah Reading

Select the correct Hebrew words to complete the first section of the בְּרָכָה after the Haftarah reading. Read the completed section of the בְּרָכָה.

הַנֶּאֱמָן  הַמְדַבֵּר  צַדִּיק  הָאוֹמֵר  הַדּוֹרוֹת  וְעוֹשֶׂה

בָּרוּךְ אַתָּה, יְיָ אֱלֹהֵינוּ, מֶלֶךְ הָעוֹלָם, צוּר כָּל הָעוֹלָמִים,

1  _____ בְּכָל _____ , הָאֵל _____ ,
      righteous        the generations        the faithful

2  _____ _____ ,
      the One who says        and does

3  _____ וּמְקַיֵּם, שֶׁכָּל-דְּבָרָיו אֱמֶת וָצֶדֶק.
      the One who speaks

## connections

The first בְּרָכָה after the Reading of the Haftarah speaks about *the faithful God*, הָאֵל הַנֶּאֱמָן. The word נֶאֱמָן, *faithful*, and the word אָמֵן, said at the conclusion of a prayer or blessing, are built on the same root (א מ נ). The word אָמֵן means *so be it*. What is the connection between the meanings of the words נֶאֱמָן and אָמֵן?

# Shooting Stars

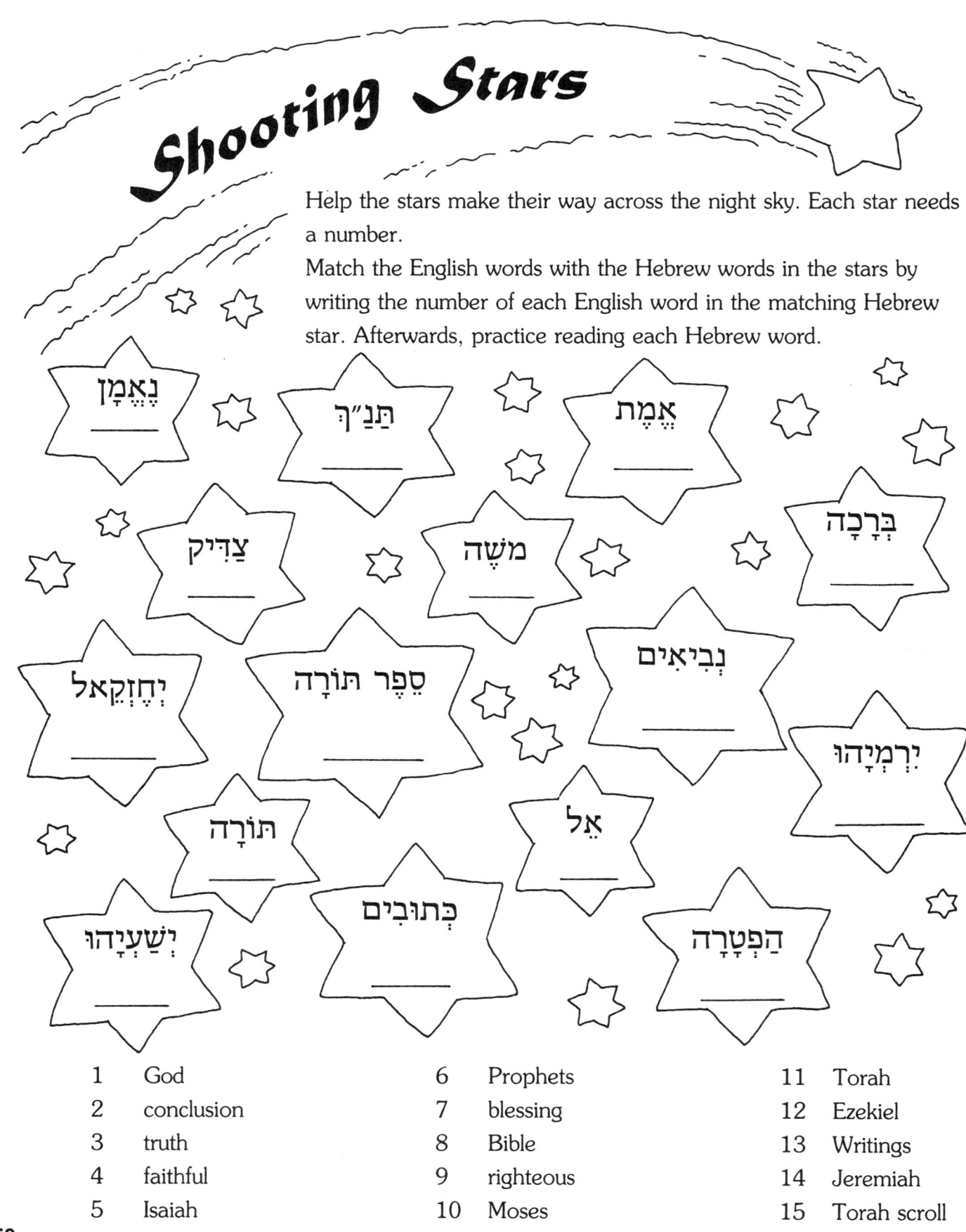

Help the stars make their way across the night sky. Each star needs a number.

Match the English words with the Hebrew words in the stars by writing the number of each English word in the matching Hebrew star. Afterwards, practice reading each Hebrew word.

נֶאֱמָן ___  
תַּנַ״ךְ ___  
אֱמֶת ___  
צַדִּיק ___  
מֹשֶׁה ___  
בְּרָכָה ___  
יְחֶזְקֵאל ___  
סֵפֶר תּוֹרָה ___  
נְבִיאִים ___  
יִרְמְיָהוּ ___  
תּוֹרָה ___  
אֵל ___  
יְשַׁעְיָהוּ ___  
כְּתוּבִים ___  
הַפְטָרָה ___

| | | | | | |
|---|---|---|---|---|---|
| 1 | God | 6 | Prophets | 11 | Torah |
| 2 | conclusion | 7 | blessing | 12 | Ezekiel |
| 3 | truth | 8 | Bible | 13 | Writings |
| 4 | faithful | 9 | righteous | 14 | Jeremiah |
| 5 | Isaiah | 10 | Moses | 15 | Torah scroll |

# PRAYER FOR A NEW MONTH

# בִּרְכַּת הַחֹדֶשׁ

The first six days of the week do not have names. They are known by numbers: Day One, Day Two.... Only the seventh day has a name! Do you know what it is? Read the Hebrew terms for the days of the week and the months of the Jewish year.

Can you recite them from memory?

## Calendar Chart

### Days of the Week

יום רִאשׁוֹן
יום שֵׁנִי
יום שְׁלִישִׁי
יום רְבִיעִי
יום חֲמִישִׁי
יום שִׁשִּׁי
שַׁבָּת

## CALENDAR CALCULATIONS

The Hebrew calendar is a lunar calendar. This means that the calendar follows the cycle of the moon. Jewish months begin when a new moon appears.

Each Hebrew month has either 29 or 30 days.

We call the first day of a new month רֹאשׁ חֹדֶשׁ, *head of the month*. What Hebrew month is it now?

## Months of the Year

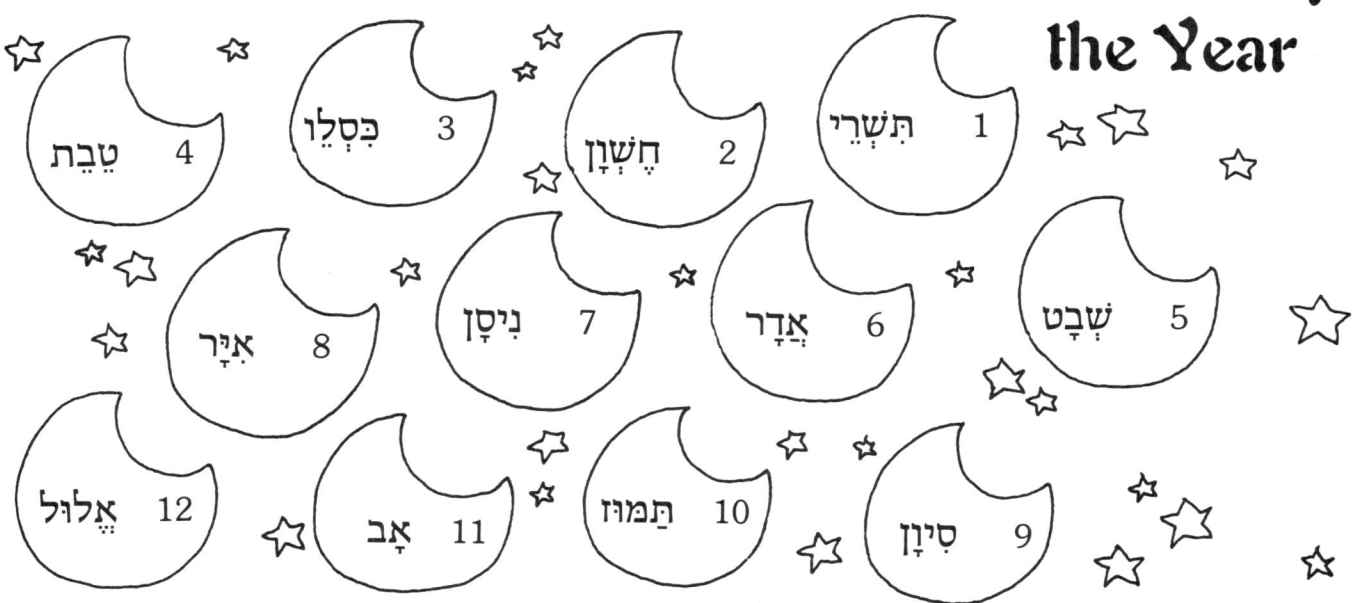

1 תִּשְׁרֵי
2 חֶשְׁוָן
3 כִּסְלֵו
4 טֵבֵת
5 שְׁבָט
6 אֲדָר
7 נִיסָן
8 אִיָּר
9 סִיוָן
10 תַּמּוּז
11 אָב
12 אֱלוּל

# A Special Prayer

A special prayer for each new month, בִּרְכַּת הַחֹדֶשׁ, is recited on the Shabbat preceding the new month.

Read the following selection from בִּרְכַּת הַחֹדֶשׁ.

Circle the Hebrew word meaning *life* each time it appears in the prayer.

1 יְהִי רָצוֹן מִלְּפָנֶיךָ יְיָ אֱלֹהֵינוּ וֵאלֹהֵי

2 אֲבוֹתֵינוּ שֶׁתְּחַדֵּשׁ

3 עָלֵינוּ אֶת-הַחֹדֶשׁ הַזֶּה לְטוֹבָה

4 וְלִבְרָכָה. וְתִתֶּן-לָנוּ חַיִּים

5 אֲרֻכִּים חַיִּים שֶׁל-שָׁלוֹם חַיִּים

6 שֶׁל-טוֹבָה חַיִּים שֶׁל-בְּרָכָה.

*May it be your will, Adonai our God and God of our ancestors, to bring us renewed goodness and blessing in the coming month. Grant us long life, a life of peace, a life of goodness, a life of blessing.*

The six psalms which comprise הַלֵּל come from the third section of the Bible – Writings: כְּתוּבִים. The psalms offer praise to God. Complete each phrase from הַלֵּל below.

וְנִשְׂמְחָה  הַלְלוּ  בְּצֵאת יִשְׂרָאֵל

הודו  בְּעֵינֵינוּ  עַבְדֵי יְיָ  הַיּוֹם  צַדִּיקִים

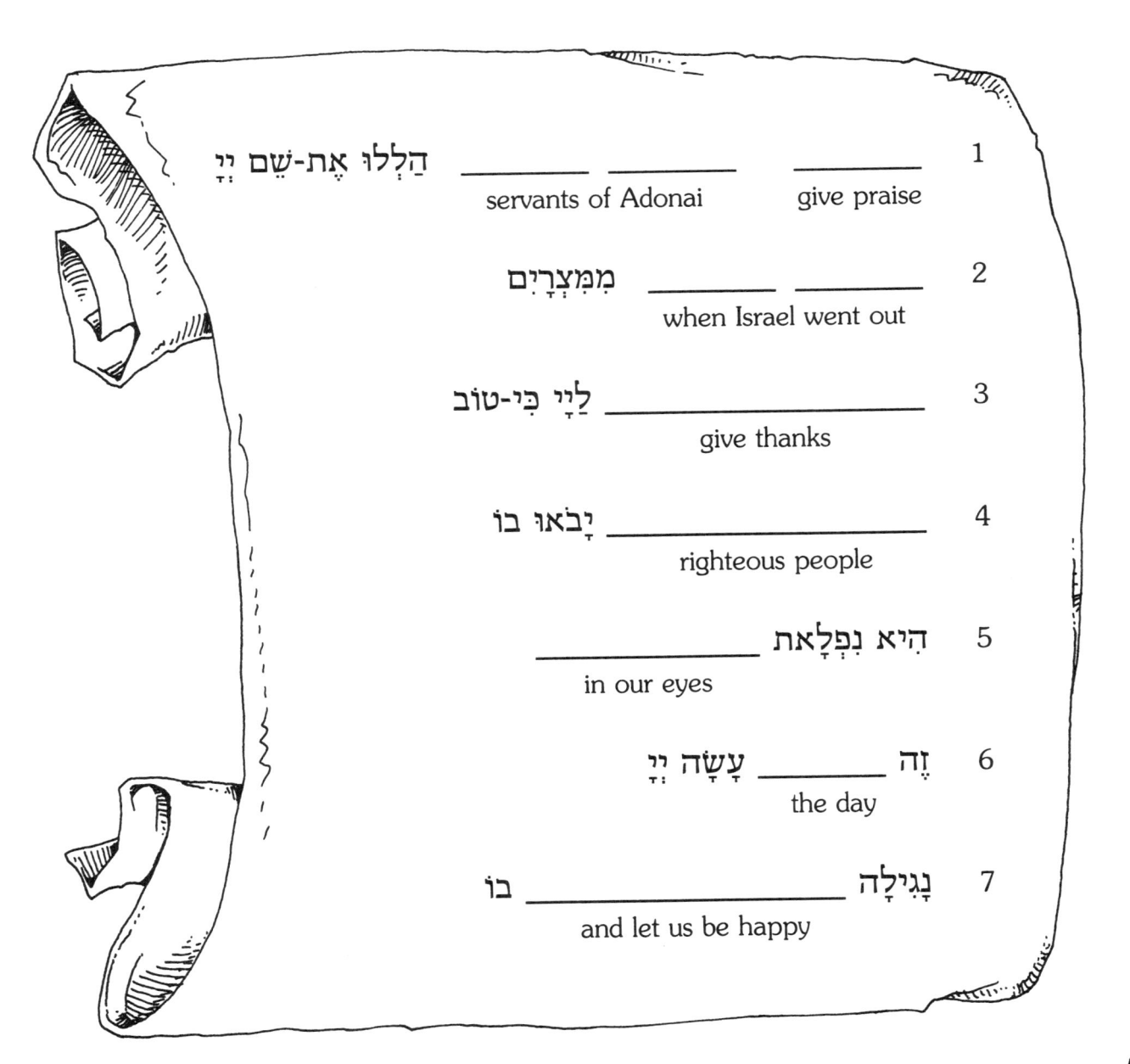

1. ________ ________ הַלְלוּ אֶת-שֵׁם יְיָ
   give praise — servants of Adonai

2. ________ ________ מִמִּצְרָיִם
   when Israel went out

3. ________________ לַייָ כִּי-טוֹב
   give thanks

4. ________________ יָבֹאוּ בוֹ
   righteous people

5. הִיא נִפְלָאת ________________
   in our eyes

6. זֶה ________ עָשָׂה יְיָ
   the day

7. נָגִילָה ________________ בוֹ
   and let us be happy

## Reading Rule
## DOUBLE LETTERS

Sometimes a double letter appears in a word: רר לל ממ.
If the first letter has a Sh'va under the letter, the two letters are blended together and the Sh'va is sounded (רְרִי לְלוּ).

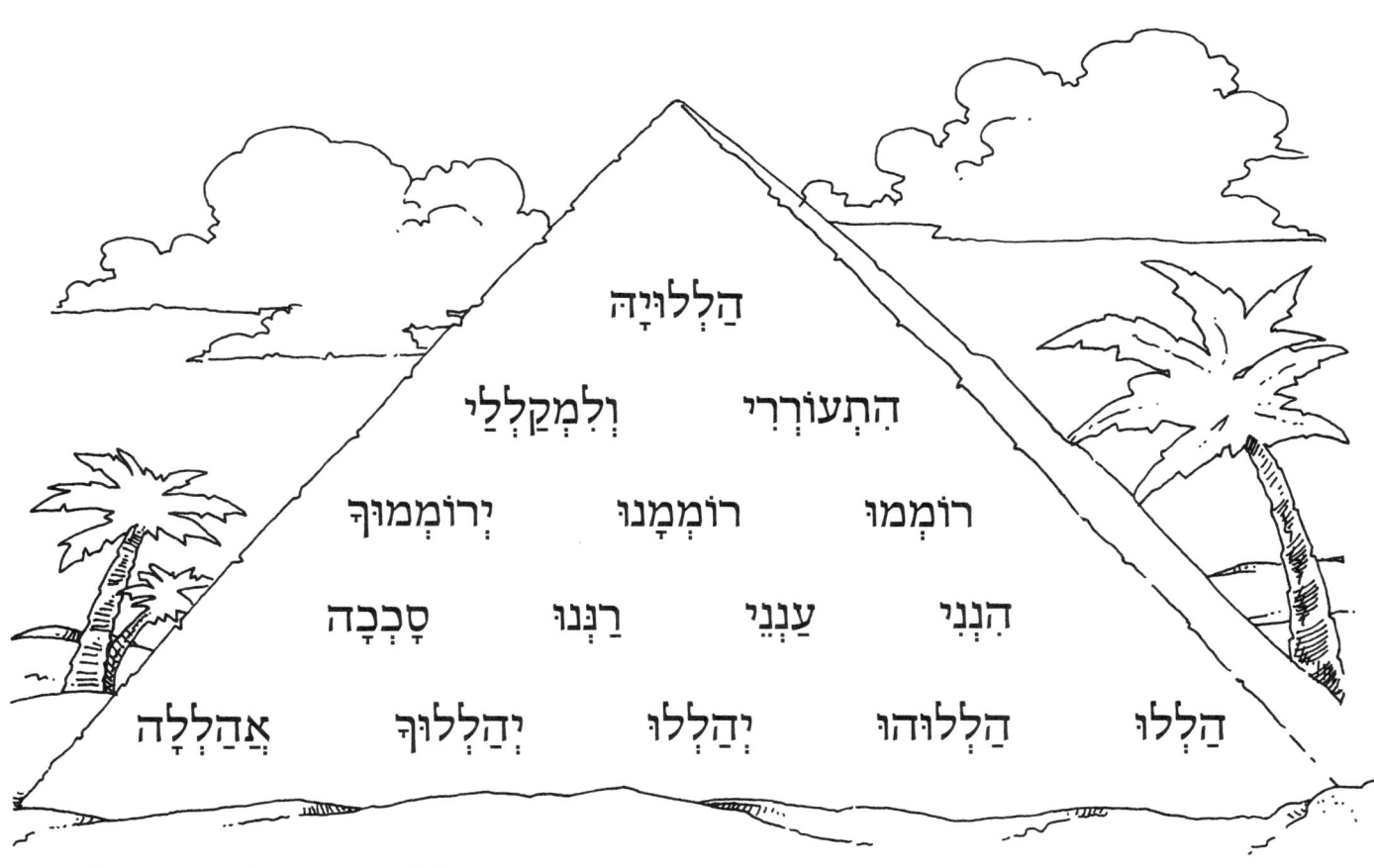

הַלְלוּיָהּ
הִתְעוֹרְרִי וְלִמְקַלְלַי
רוֹמְמוּ רוֹמְמָנוּ יְרוֹמְמוּךָ
הִנְנִי עַנְנֵי רַנְּנוּ סָכְכָה
הַלְלוּ הַלְלוּהוּ יְהַלְלוּ יְהַלְלוּךָ אֲהַלְלָה

# *Reading Pyramid*

Read each set of words, beginning with the bottom row, to climb to the top of the Reading Pyramid!

# Hebrew Bingo

Below are roots found in Lessons 1-9 in your textbook.
Play the BINGO game to review the meanings of the roots. Match English words 1-16 with the Hebrew roots on the BINGO card. Write the number of the English meaning in the correct space on the card.

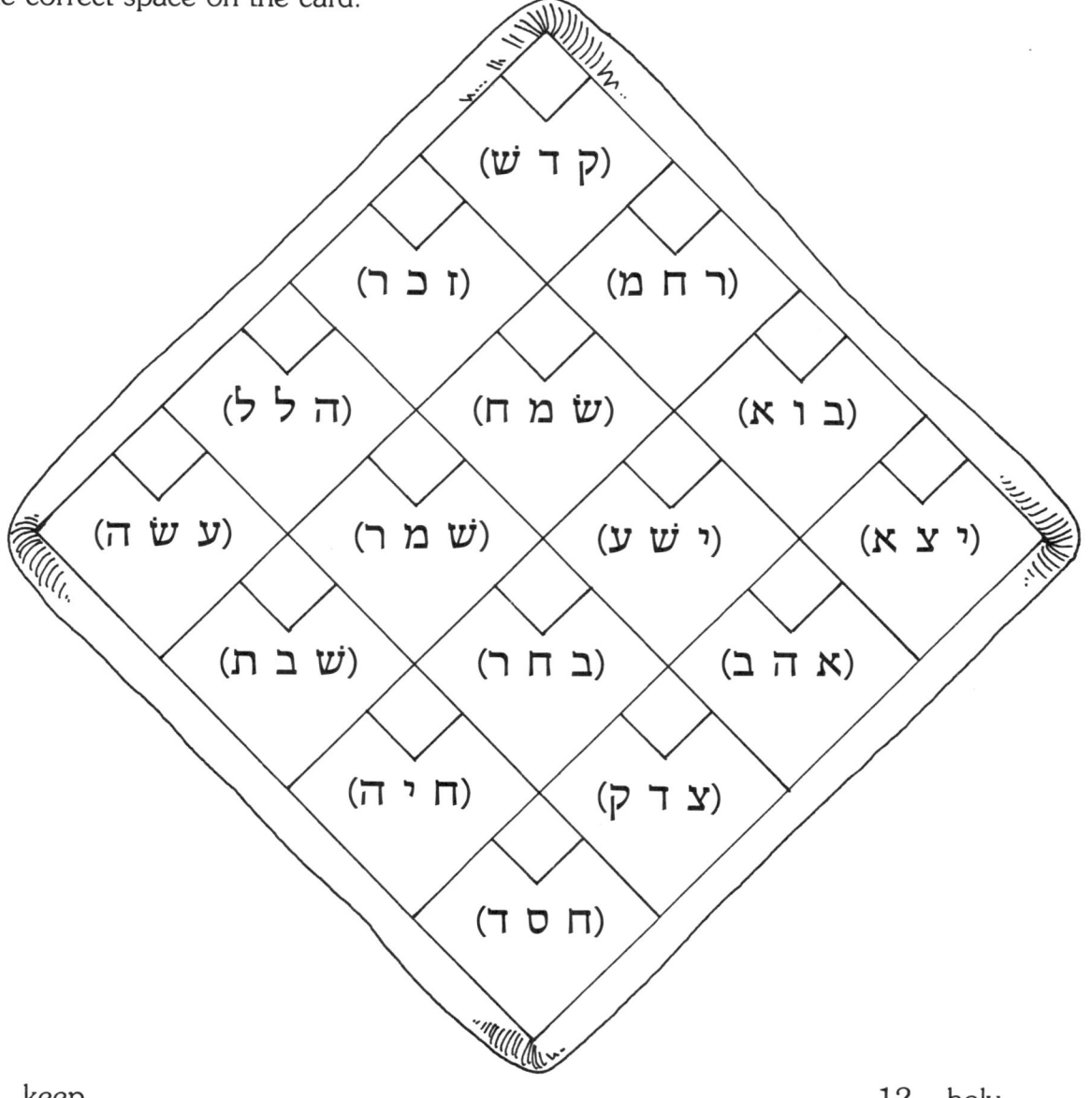

Bingo card roots (top to bottom, left to right):
- (ק ד ש)
- (ז כ ר)   (ר ח מ)
- (ה ל ל)   (ש מ ח)   (ב ו א)
- (ע ש ה)   (ש מ ר)   (י ש ע)   (י צ א)
- (ש ב ת)   (ב ח ר)   (א ה ב)
- (ח י ה)   (צ ד ק)
- (ח ס ד)

| 1 | keep | | | | | 12 | holy |
| 2 | life | | | | | 13 | save, redeem |
| 3 | depart, leave | 6 | make | 9 | kindness | 14 | come |
| 4 | rest | 7 | remember | 10 | righteous | 15 | love |
| 5 | choose | 8 | compassion, mercy | 11 | praise | 16 | happy |

58

# Reading Skills

Read each word with a ם or a ס.
Then read these sentences from הַלֵּל.

1 יְהִי שֵׁם יְיָ מְבֹרָךְ, מֵעַתָּה וְעַד-עוֹלָם.

2 הַיָּם רָאָה וַיָּנֹס, הַיַּרְדֵּן יִסֹּב לְאָחוֹר.

3 הֶהָרִים רָקְדוּ כְאֵילִים, גְּבָעוֹת כִּבְנֵי-צֹאן.

4 בְּרוּכִים אַתֶּם לַייָ, עֹשֵׂה שָׁמַיִם וָאָרֶץ.

5 אֶבֶן מָאֲסוּ הַבּוֹנִים, הָיְתָה לְרֹאשׁ פִּנָּה.

## *WORDS Into PHRASES*

Read each word with a double letter.
Read each complete phrase.

1 הַלְלִי נַפְשִׁי אֶת-יְיָ

2 וַאֲהַלְלָה שִׁמְךָ לְעוֹלָם וָעֶד

3 הַלְלוּהוּ בְצִלְצְלֵי שָׁמַע

4 רַנְּנוּ צַדִּיקִים בַּייָ

5 וְלִמְקַלְלַי נַפְשִׁי תִדּוֹם

6 וְלַיְלָה לְּלַיְלָה יְחַוֶּה-דָּעַת

# Patterns

The hymn אֲדוֹן עוֹלָם, Eternal God, is often the concluding prayer in a Shabbat Service. It is therefore fitting that it is the concluding prayer in your textbook. The prayer is found on textbook page 96.

The last word in each sentence of the prayer ends with the saying sound *AH*.

Read aloud these sound-alike word patterns.

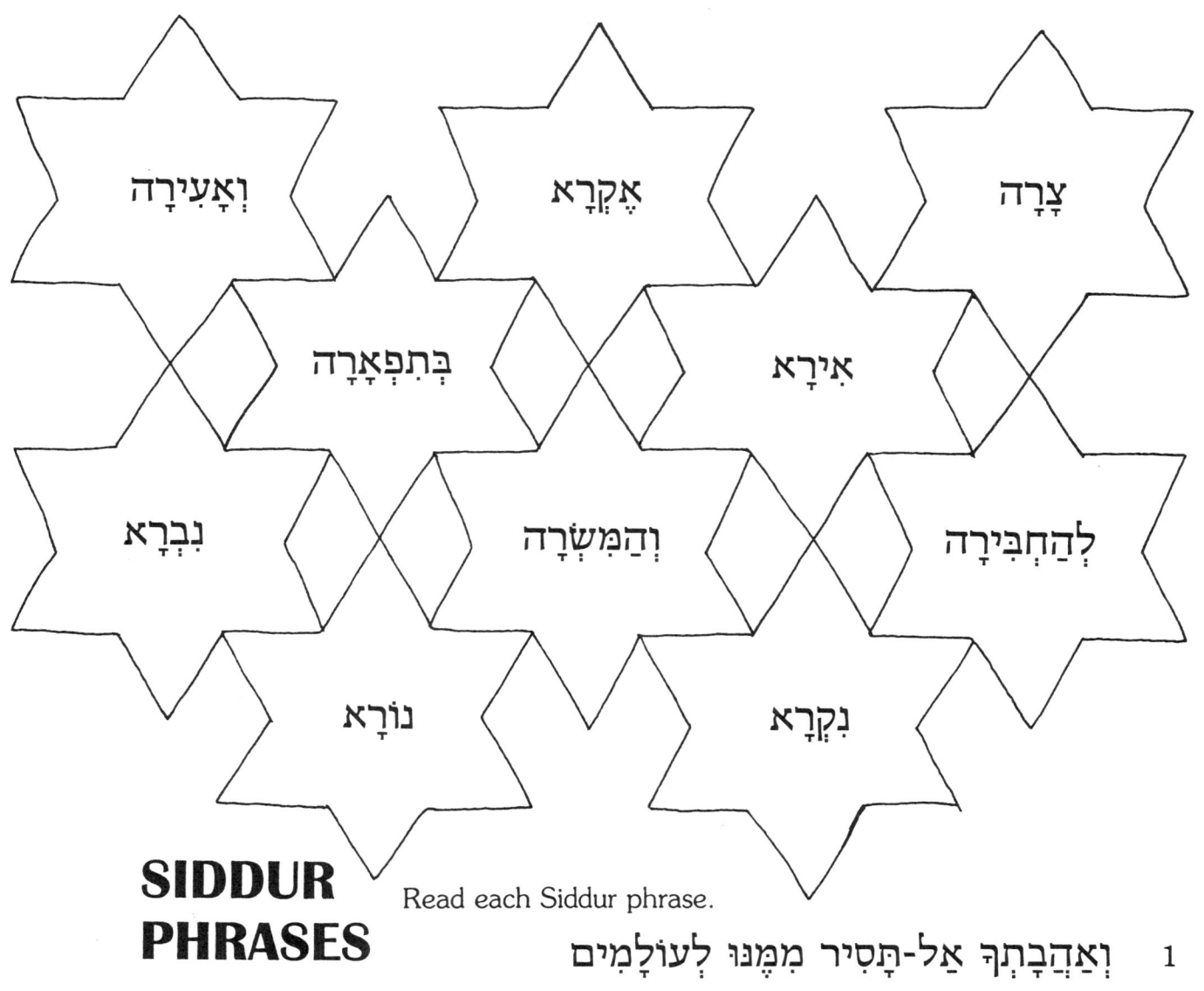

| וְאָעִירָה | אֶקְרָא | צָרָה |
| :---: | :---: | :---: |
| בְּתִפְאָרָה | אִירָא | |
| נִבְרָא | וְהַמִּשְׂרָה | לְהַחְבִּירָה |
| נוֹרָא | נִקְרָא | |

## SIDDUR PHRASES

Read each Siddur phrase.

1. וְאַהֲבָתְךָ אַל-תָּסִיר מִמֶּנּוּ לְעוֹלָמִים
2. וְהָיוּ לִמְשִׁסָּה שֹׁאסָיִךְ
3. כְּשֵׁם שֶׁמַּקְדִּישִׁים אוֹתוֹ בִּשְׁמֵי מָרוֹם
4. אֱלֹהִים, בְּרָב-חַסְדֶּךָ
5. עַל חַיֵּינוּ הַמְּסוּרִים בְּיָדֶךָ
6. סוֹמֵךְ נוֹפְלִים, וְרוֹפֵא חוֹלִים, וּמַתִּיר אֲסוּרִים

60

## WORDS Into PHRASES

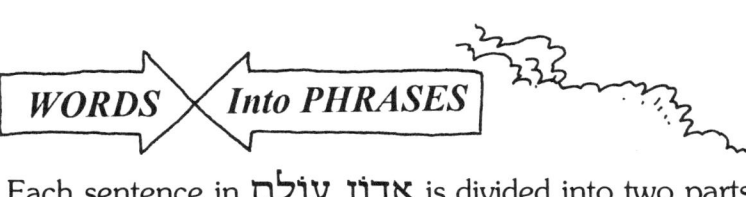

Each sentence in אֲדוֹן עוֹלָם is divided into two parts. Below is the second part of each sentence. Practice reading each phrase.

1. בְּטֶרֶם כָּל-יְצִיר נִבְרָא.
2. אֲזַי מֶלֶךְ שְׁמוֹ נִקְרָא.
3. לְבַדּוֹ יִמְלֹךְ נוֹרָא.
4. וְהוּא יִהְיֶה בְּתִפְאָרָה.
5. לְהַמְשִׁיל לוֹ לְהַחְבִּירָה.
6. וְלוֹ הָעֹז וְהַמִּשְׂרָה.
7. וְצוּר חֶבְלִי בְּעֵת צָרָה.
8. מְנָת כּוֹסִי בְּיוֹם אֶקְרָא.
9. בְּעֵת אִישַׁן וְאָעִירָה.
10. יְיָ לִי וְלֹא אִירָא.

## More Patterns

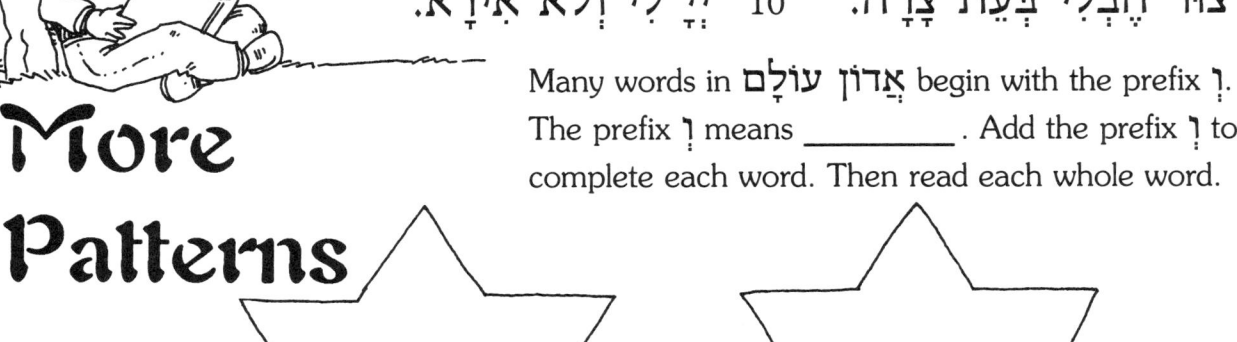

Many words in אֲדוֹן עוֹלָם begin with the prefix וְ. The prefix וְ means _____ . Add the prefix וְ to complete each word. Then read each whole word.

___ אַחֲרֵי

___ הוּא

___ אֵין

___ לוֹ

___ הַמִּשְׂרָה

___ חַי

___ צוּר

___ אָעִירָה

___ עִם-רוּחִי

___ לֹא

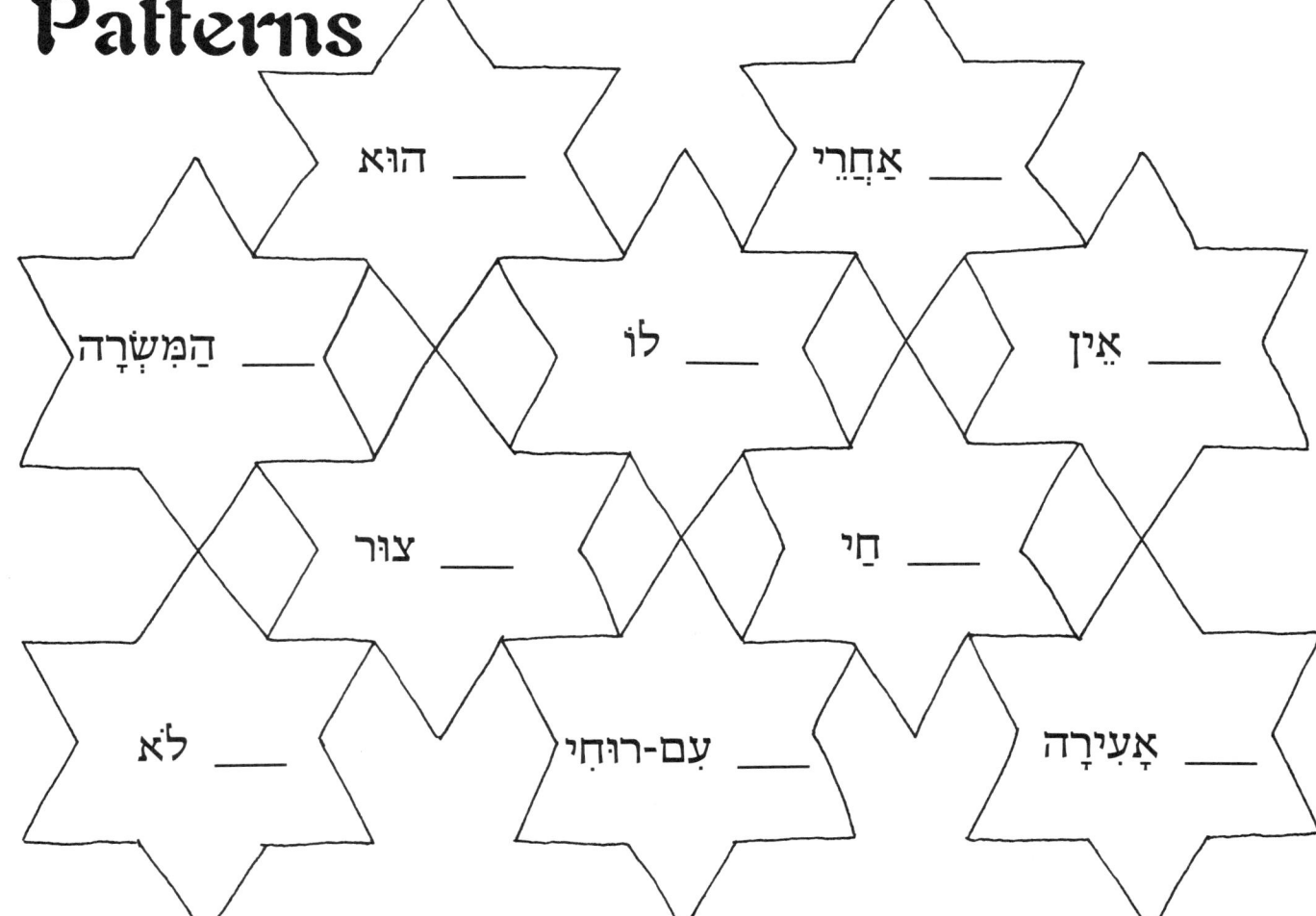

61

# WORD WATCH

The term וְהוּא is read six times in four sentences in אֲדוֹן עוֹלָם. Read each complete sentence.

1 וְהוּא הָיָה וְהוּא הֹוֶה וְהוּא יִהְיֶה בְּתִפְאָרָה.

2 וְהוּא אֶחָד וְאֵין שֵׁנִי לְהַמְשִׁיל לוֹ לְהַחְבִּירָה.

3 וְהוּא אֵלִי וְחַי גּוֹאֲלִי וְצוּר חֶבְלִי בְּעֵת צָרָה.

4 וְהוּא נִסִּי וּמָנוֹס לִי מְנָת כּוֹסִי בְּיוֹם אֶקְרָא.

# אָלֶף בֵּית

## HEBREW ALPHABET

| Script | Sound | Print | Print |
|---|---|---|---|
| א | Silent | א | א |
| בּ | B | בּ | בּ |
| ב | V | ב | ב |
| ג | G | ג | ג |
| ד | D | ד | ד |
| ה | H | ה | ה |
| ו | V | ו | ו |
| ז | Z | ז | ז |
| ח | Ḥ | ח | ח |
| ט | T | ט | ט |
| י | Y | י | י |
| כּ | K | כּ | כּ |
| כ | CH | כ | כ |
| ךְ | Final CH | ךְ | ךְ |
| ל | L | ל | ל |

| Script | Sound | Print | Print |
|---|---|---|---|
| מ | M | מ | מ |
| ם | Final M | ם | ם |
| נ | N | נ | נ |
| ן | Final N | ן | ן |
| ס | S | ס | ס |
| ע | Silent | ע | ע |
| פּ | P | פּ | פּ |
| פ | F | פ | פ |
| ף | Final F | ף | ף |
| צ | TS | צ | צ |
| ץ | Final TS | ץ | ץ |
| ק | K | ק | ק |
| ר | R | ר | ר |
| שׁ | SH | שׁ | שׁ |
| שׂ | S | שׂ | שׂ |
| תּ | T | תּ | תּ |
| ת | T | ת | ת |